KB249307

사회적 자본의 형성과
대안적 평생교육

사회적 자본의 형성과 대안적 평생교육

구 혜 정 著

 한국학술정보(주)

책머리에

우리는 어수선한 전환기를, 드러커(Drucker)가 말하는 '역사의 경계'를 건너고 있다. 세계화, 정보화, 탈산업화, 민주화, 유연화, 개인화, 그리고 포스트모던 등으로 특징지워지는 새로운 세기를 맞이하여, 우리 사회는 사회경제적 지속가능한 발전과 인간적인 공동사회의 재건을 가능케 할 수 있는 그 무언가 새로운 틀을 만들기 위한 논의들로 분주하다. 이 책은 그러한 시도들 가운데 하나라고 할 수 있다. 경제적·개인적·심리적 관심에 과도하게 초점이 맞춰진 평생교육을 넘어서 그 대안을 마련하자는 것이다.

새로운 시민사회의 시대를 맞이하여 평생교육을 위한 방향타 역할을 할 것으로 기대되는 것이 바로 사회적 자본이다. 이 책은 사회적 자본을 개인주의적 공리주의 평생교육에 대한 대안적 또는 보완적 개념으로 가정하고, 평생교육과 관련하여 그 가능성과 한계를 탐색한다. 여기서 사회적 자본은 협력적 행위를 촉진시켜 사회적 효율성을 향상시킬 수 있는 시민적 참여의 네트워크, 포괄적 호혜성의 규범, 그리고 그로부터 발생하는 사회적 신뢰라고 정의된다. 사회적 자본이 대두된 배경은 평생교육이 대처하고 극복해야 할 현실이며, 사회적 자본을 형성하는 것은 평생교육의 주요한 토대이자 과제이다.

평생교육은 국가-시장-시민사회라는 '세 축'을 중심으로 협력적 관계를 구축해야 한다. 사회적 자본이 비록 시민사회에서 발생된다고 하더라도 결국에는 그것이 국가로 확장되고, 시장으로 외연을 확대할 것이다. 시민사회는 국가와 시장의 실패를 보완할 수 있는 중요한 역할을 지니고 있으며, 나아가 평생교육의 건강한 발전을 위하여 필수적인 공간이자 평생교육의 주체이다.

이 책이 말하고자 하는 내용은 다음과 같다. 첫째, 시민사회의 시민들은 자율과 연대 능력을 갖추고 적극적으로 시민사회에 참여하는 능동적 학습인이다. 대안적 평생교육 패러다임의 학습인인 확장된 휴먼웨어는 구성원들이 서로 협력하여 공동체의 이익을 키우고자 노력하는 '호혜적 인간'과 가깝다. 둘째, 평생교육의 대안적 패러다임은 개인적 학습과 사회적 학습의 조화로운 발달을 도모한다. 즉, 새롭게 부각시켜야 할 평생교육은 인적 자본과 함께 사회적 자본의 가치에 주목하고 사회적 신뢰나 협동을 도모하기 위한 '사회적 학습'이어야 한다. 셋째, 대안적 평생교육은 삶의 모든 영역을 망라하는 민주적 학습공동체여야 한다. 활성화된 시민사회를 건설하기 위해서는 평생교육이 활용되어야 하며, 평생교육은 또한 그런 시민사회를 토대로 하는 것이다. 그런 가운데 퍼트남이 말한 사회적 자본이 풍부한 '생동적 시민생활'이 가능하다.

이 책이 출판되기까지 많은 분들의 도움이 있었다. 누구보다 은사님이신 권대봉 교수님께 감사드린다. 그리고 나의 사랑하는 가족들, 부모님, 남편과 두 딸의 전폭적인 지원과 자극에도 감사한다.

2005년 12월
구혜정

차 례

표 차례

그림 차례

제1장 사회적 자본의 대두와 평생교육

오늘날 평생교육은 다루지 않는 영역이 거의 없을 정도로 대단히 광범위한 학문적 영토를 가지고 있으며, 사회적으로 더욱 주목의 대상이 되고 있다. 평생교육의 부상은 몇 가지 동인에 기인한다. 먼저, '학습'의 본래성에 대한 인식이다. 학습이 교육보다 본질적으로 우선하며, 무엇인가를 배우고자 하는 개인의 '학습욕구'가 그 동안 평생교육 논의에서 가볍게 다루어져 왔음을 비판하고, 평생교육의 논리적 출발점으로 학습을 강조한다. 학습의 우선성을 평생교육의 정당화 논거로 삼는 이들은 교육과의 관계성 속에서만 의미를 갖는 전통적인 학습 개념의 탈피를 주장하고, 자율적이고 능동적이며 일상적인 삶의 과정과 결합되어 있는 학습 개념을 주장한다(김신일, 1996: 46-48). 이런 점에서 평생학습 담론은 자율성, 자유, 개인의 권리 등을 강조하면서, 그 동안 구조에 눌려있던 '행위자'의 복권을 중시한다. '학습의 재발견'을 통해 평생교육의 방향을 새롭게 하려는 움직임은 '정치의 재발견'을 통해 도구적·기술적 합리성에 기초한 근대화를 반성하고 새로운 근대성을 발견하려는 움직임(Beck, 1997, 1998), 생활세계의 식민화를 저지하고 방어하기 위하여 '새로운 사회운동'을 모색하려는 움직임(Harbermas, 1995), 그리고 전통과 자연의 종말을 맞아 우리의 생존 방식으로서 '생활의 정치'를 모색하려는 움직임(Giddens, 1998) 등과 맥이 닿아 있다.

또 다른 동인은 평생교육의 경제적 및 사회적 효용성에 대한 재발견이다. 최근의 평생교육 논의는 인적자원, 더 정확하게는 노동력의 생산과 재생산, 학습과 기업 이해의 연계, 그리고 학습활동의 민영화 등을 주된 내용으로 하고 있다. 이러한 특징은 비단 교육부문에만 제한되지 않고 사회 전 영역에서 공통적으로 발견되는 현상이다. 경쟁적 국가와 경쟁력이 있는 개인을 길러내는 것이 중요한 학습 목표로 간주되고 있으며, 국가발전과 인적자본의 개발이 평생교육 담론의 핵심을 이루고 있는 것이다. 평생교육이 고용과 경제 성장의 관건이며 나아가 사회적 지역적 불평등을 줄여줄 열쇠라는 것이다. 이를 위하여 정부는 투자 역할, 기업은 고용인 훈련, 그리고 개인은 자신의 능력과 경력 개발에 책임을 져야 한다고 주장한다. 이들은 평생교육이란 국가발전 정도에 관계없이 높은 수준의 기술과 지식수준을 달성할 수 있도록 하는 것이라고 말한다.

　그러나 이러한 최근의 평생교육 논의는 몇 가지 한계를 보이고 있다. 평생교육에 대한 근래의 수사는 주로 평생교육의 도구적 개념을 강화하는 경향이 있다. 또한 평생교육을 사회변화에 대한 개인적 차원의 대응 정도로 이해함으로써 사회적 가치나 의미를 소홀히 할 가능성이 있다. 평생교육은 성인이 자아실현을 도모하고 사회참여나 혹은 취업이나 승진 등을 목표로 하는 '개인적인 일'로 간주되고, 더구나 개인의 학습 동기나 요구, 자발적인 학습활동 등을 강조함으로써 개인적·방법적 수준에 머무르게 되는 결과를 낳고 있다. 자율성을 갖춘 행위자의 복권과 학습을 강조하는 평생교육이 이기적 행위자의 욕망을 채우는 개인주의적 평생교육으로 전락할 가능성이 있는 것이다.

개인주의는 오랜 역사적 맥락에서 형성된 용어이고, 또한 문맥에 따라 의미도 다양하게 사용되고 있다. 개인주의에 의하면 사회는 개인들로 구성되어 있으며, 사회의 기능은 오직 개인들에게 봉사하고 개인의 자율성을 존중해 주고, 다른 사람에게 해를 끼치지 않는 한 제가 하고 싶은 대로 무엇이든 할 수 있는 개인의 권리를 보호해 주고 간섭하지 않는 것이다. 개인주의 사상은 서구 사회의 각 분야에 스며있는 가장 궁극적인 원리 혹은 가치 가운데 하나라고 할 수 있다. 이는 사회의 각 분야가 여러 가지 제도나 조직을 통해 도달하고자 하는 가장 중요한 가치가 개인존중 사상이라는 의미이다. 그러나 현실사회의 실제는 개인주의가 표방하는 이상적 사상체계와는 많은 차이를 보인다. 마르크스(Marx)의 표현을 빌면, '개인주의의 역설'(paradox of individualism)이다(정진곤, 1994: 222). 즉, 개인주의가 주장하는 개인의 자율성, 존엄성, 독자성 등의 논리가 사회의 정치, 경제, 사회적인 영역에 적용될 때 오히려 시민들의 자유와 권리를 제한할 수 있는 이데올로기로 이용될 수 있다. 개인주의적 사고에 의하면, 개인이야말로 그들 자신의 삶과 운명에 책임이 있고 또 책임을 져야 한다. 이러한 사고는 사회적으로 불리한 위치에 있는 사람들의 개인적 특성과는 무관하게 그들의 운명을 결정짓는 데 큰 역할을 하는 사회구조적 원인에 대해서 무시하는 경향이 있다. 물론, 오늘의 개인화에 대해서 단지 이익추구적 행위자로서의 개인만을 부각시킬 필요는 없다. 교육·언론 등 공공영역을 매개로 한 민주적인 공적 생활의 확산과 시민사회의 성숙은 자율성, 사회적 책임, 합리적·심미적 성찰성, 공공의식, 관용성 등을 지닌 '시민'으로 오늘의 개인이 사회화되길 요구받고 있음을 알려 준다(박형준, 2002: 107).

  개인주의는 시장 개인주의, 합리적 행위자, 심리적 개체주의, 그리고 자율적 행위자 등과 분리해서 논의하기 어려운 다층적 구조를 가지고 있다. 개인주의는 한편으로는 자율성과 인간 개개인의 인격성을 강조한다는 점에서, 구조 아래에서 충분히 자율성을 누리지 못한 행위자를 주목하고 있다는 점에서 의미를 갖지만, 동시에 구조적 문제를 소홀히 하거나 또는 사회적 상황을 애써 멀리할 가능성이 짙다. 물론 학습의 개인화를 이익 추구 행위로서 개인주의의 강화만을 의미하는 것으로 이해해서는 안 되지만, 개인화로 사회가 집단적인 자기의식과 정치적 행동능력을 상실할 가능성이 있다는 점은 부인하기 어렵다. 특히 신자유주의의 발호는 개인의 인권과 개성을 존중하고 다양성을 인정하는 자유의 이념까지 도매금으로 비난하는 결과를 초래하고 있다. 실제로 신자유주의에 따른 개인주의적 평생교육은 공동체(community)와 공공선(common good) 그리고 교육의 사회적 가치에 대한 관심을 희석시키는 결과를 낳았다. 그 예로 일부 학자들(Griffin, 1999; Hunt, 1999)은 최근의 평생교육 논의가 사회적·공공적 문제보다는 경제적·개인적 관심에 초점을 두고 있음을 지적하고 있다. 평생교육은 과도하게 개인의 고용가능성을 키우기 위한, 그리고 능력의 업그레이드를 지속적으로 담당하는 일종의 생존기제로 간주되는 경향이 강하다(Field, 2001: 118).

  실제로 신자유주의는 자유주의의 개인, 자율, 시민 등의 개념을 동원하여 교육개혁을 주도하고 있다. 따라서 언뜻 보기에 신자유주의는 고전적 자유주의자들의 자율적 시민권 개념에 기초하고 있는 것처럼 보이지만, 실상은 거리가 멀다. 신자유주의에 기초한 평생교육의 부상은 서구 선진 자본주의 국가들이 경험하고 있는 경제 위기, 다시 말해 자본축적의 위기로 나타난 자본주의 정당화 위기에 대한 반응의 성격이 짙다고 할 수 있다. 평생교육을 비롯한 교육정책이 노동비용 절감, 생산성 증대를 위하여 새로운 방법을 모색하는 자본가 집단의 이데올로기적 과정에 불과하며, 특히 주변부 국가의 경우 교육정책이 계급적 성격을 지닌다는 비판도 제기되고 있다(Youngman, 2000: 45).

1996년 함부르크에서 열린 UNESCO의 세계성인교육회의는 당시 주류를 이루고 있던 공리적이고 개인적인 평생교육에 대한 경고의 성격이 짙다. 이 회의는 공동체성, 공공선, 지속가능성 등과 같은 가치를 새롭게 발견하고, 그러한 가치들이 평생교육을 통하여 적극적으로 고양될 수 있도록 하는 생명 불어넣기를 주장하였다. 이를 반영하듯이 유럽을 중심으로 활동하는 일부 연구자들은 개인적 차원의 학습보다는 사회적으로 도움을 주는 학습으로, 경제적 가치보다는 사회적으로 관용과 어울림을 중시하는 사회적 학습으로, 그리고 과도한 제도화보다는 무형식 학습의 재발견으로 평생교육 논의의 축을 옮기고 있다(Jarvis, 2002; Jarvis, 2002; Coffield, 1998).

이러한 변화는 사회가 '국가와 시장의 시대'의 시대로부터 '시민사회의 시대'로 진행되면서 더욱 주목받고 있다. 한국도 1980년대 중반을 기점으로 권위적이고 억압적인 국가의 시대를 탈피하고, 시민사회가 평생교육 등에 대한 영향력을 확대하고 있다. 국가 및 시장주도 사회와 시민사회에서 교육의 목적과 존재 양

태는 차별적이다. 시민의 권리를 중시하는 시민사회가 국민을 동원하고 이기적 행위자를 중시한 국가와 시장에 맞서 있다면, 공공선과 공동체를 강조하는 시민사회의 평생교육은 개인주의 평생교육에 맞서 있다고 볼 수 있다. 결국, 시민사회와 평생학습사회는 서로 밀접한 연관성을 가지며, 평생교육의 공고화를 위하여 시민사회의 교육적 역량을 강화하고 확대하는 것이 필수적이다. 민주주의의 공고화 또한 시민들의 교육력과 공동체 의식을 통해 가능하며, 그러한 시민은 바로 평생교육을 통하여 배출될 것이다. 결국 '시민사회'는 곧 '평생학습사회'와 같은 의미를 갖는다고 볼 수 있다. 맥클리나한(McClenaghan, 2000: 566)에 따르면, 시민사회와 공동체의 발전은 넓은 의미에서 사회적 학습과정인 셈이다.

이러한 전환과정에서 평생교육을 위한 방향타 역할을 할 것으로 기대되는 것이 바로 '사회적 자본'(social capital)이다. 일반적으로 사회적 자본이란 '사람과 사람사이의 사회적 네트워크, 신뢰, 그리고 호혜성의 규범'을 의미하며, 성격상 '관계적'(關係的, relational)이다(Schuller, 2002; Portes, 1998; Coleman, 1992). 현대 사회를 논하고 이해하는데 새롭고 영향력 있는 개념으로 대두되고 있는 사회적 자본은 완결된 개념이 아니라 여전히 논쟁중인 개념이다. 학문적 성향에 따라 다양하게 정의되고 있는 사회적 자본은 크게 세 가지 관점으로 정리된다. 부르디외(Bourdieu)는 불평등과 배제의 재생산이라는 관점에서, 콜만(Coleman)은 다소 보수적이고 기능주의적 관점에서, 그리고 퍼트남(Putnam)은 정치경제적 발전과 시민공동체의 형성이라는 관점에서 사회

적 자본을 논한다. 이 책은 퍼트남의 정의를 바탕으로, 사회적
자본을 협력적 행위를 촉진시켜 사회적 효율성을 향상시킬 수
있는 시민적 참여의 네트워크, 포괄적 호혜성의 규범, 그리고 그
로부터 생겨나는 사회적 신뢰라고 정의한다. 이러한 사회적 자본
이 충분히 갖춰진 성숙한 사회에서, 우리는 책임을 다하는 훌륭
한 국민으로서, 효율적이고 합리적인 경제 행위자로서, 사회문제
에 대해 능동적이고 적극적으로 참여하는 시민으로서 성장할 수
있는 것이다.

사회적 자본은 기능상 다층적 개념이다. 그것은 그 자체가 '결
과'이기도 하지만, 동시에 다른 사회적 자본을 위한 '원인'이 되
기도 한다. 예를 들어, 교육과 관련하여 신뢰는 학습효과를 높일
수 있는 중요한 원인이 되기도 하지만, 동시에 교육을 통하여 얻
게 되는 교육결과이기도 하다. 사실, 사회적 자본의 이러한 개념
적 이중 구조는 다양한 수준에 걸쳐 사회적 자본의 적용 가능성
을 높여주기도 하지만, 다른 한편으로는 개념의 모호함과 측정의
어려움을 낳아 그 실제를 발견하기 어렵게 한다는 한계도 있다.

그럼에도 불구하고 사회적 자본은 개체보다는 집단을, 개인적
이익보다는 공동체의 이익을, 개별학습보다는 사회적 학습, 공동
학습, 동아리 학습, 그리고 협동학습을 중시한다. 학습자가 자신
과 사회, 자신과 다른 집단과의 관계를 맺도록 함으로써 사회전
체의 학습자원을 활용할 수 있도록 하고, 나아가 학습의 효과와
참여를 증대할 중요한 학습자원인 신뢰를 형성하게 하는 것으로
기대된다. 또한 개인적 수준에서가 아니라 사회적 수준에서 평생
교육을 이해하도록 하는 개념이기도 하다(Schuller et. al, 2002).

슐러(Schuller)는 사회적 자본이 학습의 의미와 개념의 폭을 넓히고, 나아가 다가오는 '시민사회의 시대'에 평생교육을 이끌 지도적 개념이라고 평가한다. 그렇다면, 시민사회에서 평생교육은 어떠한 모양새를 갖추어야 하는가? 사회적 자본은 시민사회에서의 평생교육과 관련하여 어떠한 함의를 갖는가?

사회적 자본에 주목하는 것은 그것이 평생교육의 개인화에 대한 대안이자 보완의 성격을 갖는다고 보기 때문이다. 즉, 개인적 이익 추구를 위한 개인학습 뿐만 아니라 사회적 책임과 자율성을 지닌 시민으로서의 개인을 위한 학습이 중요하며, 그것은 사회적 자본을 통하여 가능할 것이라고 가정한다. 실제로 시민들에 의한 자율적, 공동체적 교육의 역사는 그 연원이 깊으며, 다만 과도한 국가와 시장의 지배로 인하여 수면 아래로 잠복하였을 뿐이다. 따라서 평생교육과 관련하여 사회적 자본의 타당성과 유용성을 검토하는 것은 평생교육 논의를 더욱 균형 잡히고 풍요롭게 해줄 것으로 예상된다. 이런 점에서 공동체 발전 가능성과 관련된 사회적 자본을 중심으로 평생교육의 대안적 패러다임을 탐색적으로 밝히고자 하는 것은 '오래된' 평생교육 가치의 현대적 재발견이라고 할 수 있다.

평생교육과 사회적 자본의 관계를 다룬 연구는 별로 많지 없다. 포크(Falk)와 킬패트릭(Kilpatrick)은 가장 대표적인 연구자들이다. 이들은 뉴질랜드에서 지역사회발전, 빈곤, 건강 등 다양한 문제들을 해결하는데 있어서 평생교육과 사회적 자본의 역할을 분석하고 있다. 이에 비하여 학교교육과 사회적 자본의 관계를 다룬 연구는 1990년대 이후 활발히 진행되고 있는데, 주로 콜만의 개념을 채택하여 학업성취나 중도탈락 등에 대한 사회적 자본의 영향을 분석하는 것이 대부분이다(Dika & Singh, 2002). 사회적 자본은 사회학, 정치학, 경제학 등의 분야에서 서로 다른 관점과 주제를 중심으로 활발하게 연구되고 있다. 이에 비하여 국내의 평생교육 논의에서 사회적 자본은 최근에야 주목받고 있는 실정이다. 최근에 몇 편의 연구가 수행되었으나, 평생교육과 사회적 자본의 관계를 체계적으로 분석하고 있다고 보기 어렵다. 따라서 이 책에서는 기존의 국내외 연구를 종합적으로 검토하고, 이를 통하여 사회적 자본이 평생교육과 관련하여 어떤 가능성과 한계를 가지는가 하는 점을 알아코고자 한다.

한국사회는 권위적 발전국가, 국가와 시장의 밀월관계, 신자유주의에 기초한 시장 자본주의, 그리고 시민사회의 성장이라는 발전과정을 보여 왔다. 일반적으로 국가는 시장이 실패한 곳에서 평생교육을 지원하고 제공하는 역할을 효과적으로 담당할 가능성이 있으며, 반대의 경우도 마찬가지이다. 또한 시민사회는 국가와 시장의 실패에 대한 대안과 보완적 기능을 담당할 것으로 기대된다. 성장제일의 발전국가론과 시장만능의 신자유주의는 이제 그 불완전성으로 인하여 지속적인 공격과 비난의 대상이 되고 있다. 근래 들어 이들의 불완전성을 교정하고 보완하기 위한 노력들이 여러 분야에서 전개되고 있는데, 사회적 자본은 이러한 노력의 산물이라고 할 수 있다. 국가와 시장이 사람들의 기대와 요구를 충족시키는 데에 실패하게 되자, 그 돌파구로 사회적 자본과 같은 '비공식적' 제도의 중요성에 관심을 갖게 된 것이다

(Uphoff, 1993).

이 책에서는 한국에서의 국가 및 시장주도 평생교육의 성격을 비판적으로 검토하고, 대안적 평생교육 패러다임을 모색할 것이다. 특히, 사회적 자본이 대안적 평생교육의 패러다임을 모색하는데 있어서 이론적 전략을 제공할 것으로 가정하고, 그것을 구체적으로 밝히고자 한다. 다시 말해, 국가-시장-시민사회와 평생교육과의 관계를 살펴보고, 사회적 자본이 평생교육의 대안적 패러다임을 모색하는 과정에서 어떠한 함의를 갖는지를 발견하고자 한다.

제2장 사회적 자본에 대한 이론적 이해

사회적 자본의 출현

우리는 역사적 전환기에 서 있다. 20세기의 인류역사는 믿기지 않는 진보, 발전, 풍요로움, 자유·평등·복지의 가장 놀라운 신장을 이룩한 시대이기도 하지만, 두 차례의 세계대전과 가혹한 대량살상, 유례없는 파괴와 오염, 대립과 혼란, 소외와 인간성 상실 등으로 얼룩진 '격동과 비약의 시대'였다. 정치·경제적 사회공학, 과학적 진보, 그리고 이를 뒷받침할 교육의 확대는 모든 도전을 극복할 수 있는 능력을 인류에게 주었지만, 오히려 사회와 사람들은 새로운 '위기'로 내몰리고 있음을 체감하고 있다.

그렇다면, 20세기에 우리가 상실한 것은 무엇일까? 21세기 우리의 주요 과제는 무엇일까? 뉴밀레니엄시대의 '새로운' 패러다임은 무엇일까? 이런 물음에 답하기 위해, 많은 사회과학자들은 자아, 정체성, 신뢰, 연대, 공동체, 시민사회, 공공윤리, 친밀성 등의 개념들을 골동품 창고에서 끄집어내 새로이 단장시키고 있다(박형준, 2001: 16). 파편화된 개인보다는 연대하는 공동체를, 경제적 가치에 기초한 성장보다는 생태적 가치에 기초한 성찰을, 국가보다는 시민사회를 강조하는 이들 경향은 학문 연구에도 그대로 반영되어 나타나고 있다. 서구를 중심으로 유행처럼 번지고 있는 '사회적 자본' 담론도 그 일종이다. 최근 들어, 사회적 자본은 대부분의 사회과학 분야에서 학문적 논의의 중심이 되고 있고, 또한 정책분야에서도 새롭게 그 중요성이 커지고 있다. 따라서 각국의 정부뿐만 아니라 세계은행, OECD, 그리고 EU와 같은 국제기구들도 본격적으로 사회적 자본에 관심을 기울이고 있다. 특히, 세계은행은 저개발국가의 빈곤 퇴치와 지속가능한 인적·경제적 발전을 위한 사회적 결속이라는 관점에서 사회적 자본과 관련된 주요 연구와 사업을 추진하고 있다. 그렇다면, 사회적 자본은 무엇이고, 왜 출현하였으며, 그것은 평생교육과 어떤 관계를 가지고 있는가?

사회적 자본과 관련된 다양한 논의가 시작된 것은 아담 스미스(Adam Smith)시대로 거슬러 올라가지만, 사회적 자본이라는 개념의 중요성이 학자들에 의해 역설되고 공공정책을 통해 그 형성, 축적, 그리고 변화가 모색되게 된 것은 불과 20년도 채 안 되는 짧은 역사를 갖는다. 그렇다면 지금 이 시점에서 '사람들의 관계 구조 내에 존재하는' 사회적 자본에 주목하고 그 필요성이 역설되는 배경은 무엇일까?

첫째, 사회적 자본이 본격적으로 등장한 시점은 20세기 초 이래 이데올로기적·경제적 노선의 우위다툼에서 민주주의-자본주의가 승리한 시점과 맞아 떨어진다. 최종 목표를 향해 나아가는 인류 사회의 폭넓은 진화라는 마르크스주의·헤겔주의적 의미의 역사는 이제 끝났다는 의미로, 후쿠야마(Fukuyama)는 이것을 '역사의 종언'이라 부른다. 더 이상 대규모의 정부 프로그램과 정책을 통해 '위대한 사회'를 건설할 수 있으리라고 희망하지 않는다. 후쿠야마는 사회공학에 대한 기대가 사라진 오늘, 진지한 관찰자라면 사실상 누구나 자유주의 정치·경제제도가 그 생명력을 얻기 위해서는 건강하고 역동적인 시민사회가 필요하다고 믿을 것이라고 한다(Fukuyama, 1996: 19-21). 그런 시민사회의 기초가 되는 사회적 자본은 경제생활뿐만 아니라 사회적 삶의 모든 국면에 결정적인 영향을 미친다.

둘째, 개인주의가 심화되고 사회적 자본이 쇠퇴하고 있다는 우려와 관련해서 생각할 수 있다. 퍼트남은 *Bowling Alone*(2000)에서, 개인주의화와 사회적 자본 쇠퇴의 원인으로 시간적이고 금전적인 압력, 도시 근교지역이 택지화되는 스프롤 현상과 그에 따른 통근시간의 증가, 그리고 특히 세대변화와 텔레비전과 같은 대중매체를 통한 오락의 증가(텔레비전 시청세대)를 꼽는다. 전통적인 의미의 사회적 협력이나 유대, 가치와 규범이 급속하게 부식됨에 따라 새로운 대안에 대한 모색의 필요성이 커지고 있는 것이다. 사회가 다양성, 다수성, 단명성, 그리고 불확실성으로 특징지워지는 점점 더 복잡하고 대단히 개인화된 세계의 방향으로 재구조화되고 전환되는 이 시점에서, 사회적 자본은 절박한 과제가 되고 있는 것이다. 콜만과 퍼트남에 따르면, 사회적 자본은 현대사회의 원자화된 개인주의에 따른 비용과 위험을 줄일 수 있는 사회적 자원이자 자산이다.

셋째, 사회적 자본은 사회과학적 논의의 중심에 가치의 문제를 다시 제기하였다. 사회과학의 다수 분과 학문의 태동은 '추측'에 반대되는 경험적 결과를 근거로 '현실'에 관한 '객관적' 지식을 확보하고 진전시키려한 19세기이래의 일반적인 시도의 일부였다(Wallerstein, 1998: 29). 따라서 가치나 규범은 학문의 대상에서 벗어나는 것으로 간주되었다. 그러나 최근의 사회분석가들은 냉정하고 기술적인 논의가 주도하는, 초수학적인 계량경제학으로 대표되는 논쟁에 규범적 차원을 다시 끌어오고 싶어 한다. 사회적 자본에 대한 논의는 지금까지의 선형적 사회분석과는 다른 접근법을 제시할 것이라는 기대 때문이다.

마지막으로, 가족, 지역사회 등에서 인간적 관계의 중요성에 대한 새로운 발견이다. 대체로 이것은 개인적인 경험들과 관련되어 있다. 클린턴 행정부의 노동부 장관이었던 라이시(Reich, 2001)는 가족들과 더 많은 시간을 할애하고 싶어 사직 한다고 하면서 장관직을 그만뒀다. 그는 자신을 '부유한 노예'라고 생각했다. 일을 박차고 나온 후 그는 가난해졌지만 삶에서는 '부유한 주인'이 되었다고 했다. 당시만 해도 새로운 개념이었던 신경제의 핵심 주창자이면서도 신경제가 요구하는 인간형인 '일벌레'이기를 거부한 그는 일과 삶에 대한 사회적 논란을 불러일으켰다. 사람들이 과거보다 더 잘 살게 됐지만 그만큼 가족·친구·지역 공동체라는 수많은 관계를 조금씩 포기하며 건조한 삶을 살아간다. 더 나아가 경제활동에 대한 변화와 선택의 폭이 넓어지면서 교육과 재산 수준 등 여건이 유사한 사람들끼리 배타적 인맥과 집단을 형성한다. 이런 개인적 경험들로부터 사람들은 사회적 자본의 필요성에 마음으로부터 공감하고 있다.

이와 같이 사회적 자본은 사회공학을 통해 위대한 사회를 건설하려 했던 실패한 모델에 대신하여 사회경제적 발전과 결속을 이루기 위한 대안으로서, 개인주의화의 심화에 대한 대책으로서, 규범적 가치를 학문적 논쟁의 장에 끌어오는 시도로서, 그리고 개인적인 경험들로부터 공감되어 출현한 것이다.

사회적 자본의 정의

자본이란 사회적, 세계적, 혹은 개인적 부의 교환가치를 나타낸다. 부르디외에 따르면, 자본이란 축적된 노동으로, 그것을 배타적으로 사유한 행위자나 행위자 집단은 구체화된 혹은 생활 노동의 형태로 사회적 에너지를 사유할 수 있다. 그것은 'vis insita' (객관적 혹은 주관적 구조 안에 새겨진 힘)이자 'lex insita' (사회 세계에 내재하는 질서의 근저에 놓인 원리)로서, 사회에서 게임을 일으키는 원인이 된다. 자본이란, 그것을 객관적 혹은 구체적 형태로 축적하는데 시간이 필요하고, 이익을 산출하고, 동일한 혹은 확대된 형태로 그 자체를 재생산하는 잠재적 능력으로서 지속하는 경향을 가지며, 모든 것을 똑같이 가능하거나 불가능하지 않도록 하는 사물의 객관적 실제 안에 새겨진 힘이다. 그리고 어떤 시점에서 서로 다른 유형의 그리고 아류형의 자본을 분배하는 구조는 사회 세계에 내재하는 구조로, 영속적으로 사회의 기능을 좌우하고 실제 성공의 기회를 결정한다(Bourdieu, 1985: 241-242).

자본에 대한 논의는 경제학에서 시작되었다. 고전경제학자들은 토지, 노동, 그리고 물적 자본 (즉, 수입을 발생시키는 자산)을 경제성장을 실현하는 세 가지의 기본적인 요인으로 간주했다. 그러던 것이 1960년대 슐츠(Schultz)와 베커(Becker)와 같은 신고

전 경제학자들은 인적 자본(human capital)이라는 개념을 채용하면서 교육받고, 숙련되고, 건강한 노동자라는 사회적 자원이 전통적인 요인들의 생산적 활용 가능성을 결정한다고 주장했다. 따라서 인적 자본의 이론과 정책들은 생산 가능성을 증가시키는 인간의 개발에 집중해왔다.

그러나 인적 자본의 유용성과 개인적 생산성에 대한 긍정적인 기여에도 불구하고, 그것이 보편적인 공동체 삶의 질을 개선하는 데 어떤 역할을 담당하였는가에 대한 의문이 제기되기 시작하였으며, 그 결과 인간을 보다 넓은 관점에서 바라보는 것이 중요하게 되었다. 즉, 인적 자본의 타당성과 그 효과를 인정한다고 하더라도, 인적 자본의 개념을 넘어서야만 하는 필요성이 주장된 것이다. 아무리 똑똑하고 능력 있는 사람들의 집단이라도 정보를 교류하고 도움을 주고받으며 신뢰·협력·호혜성을 공유하는 관계를 맺을 수 없다면, 그 구성원들이 행복한 삶을 살고 있다고 할 수 있을까? 그러한 집단이나 조직, 공동체, 사회가 활기 있고 생산적이라고 할 수 있을까?

현대인들은 그들의 정체성, 가치, 그리고 관계를 형성하는 여러 가지의 다양한 공동체의 구성원으로서 관계하면서 생활하고, 일하고, 희구하고, 즐긴다. 그들은 삶의 시작부터 끝에 이르기까지 사회적 존재로서 살아가는 것이다. 개인의 성장·발전은 공동체의 성장·발전과 같이 한다. 따라서 공동체의 발전과 공동체 구성원의 '잘삶'(well-being)을 위한 핵심적 요소로서 사회적 자본에 대한 논의가 활발히 전개되고 있다. 리들 등(Riddell, Wilson & Baron, 2001)은 한걸음 더 나아가 사회적 자본이 본래적으로 탐

욕스럽고 냉혹한 경제제도를 인간화하기 위한 한 방식으로 출현하였다고 주장한다.

다른 조건들이 비슷하다면, 사회적 자본이 풍부한 공동체는 그렇지 못한 공동체보다 더 안전하고, 깨끗하고, 풍요롭고, 교양 있고, 제대로 운용되고, 그리고 일반적으로 행복할 것이라고 가정된다. 그것은 사회적 자본이 풍부한 공동체의 구성원들이 좋은 일자리를 구하고 유지하고, 공공의 이익을 위한 계획을 세우고, 대가 없이 서로의 행동을 감독하고, 계약상의 약속을 지키고, 현재의 자원을 더욱 효과적으로 사용하고, 분쟁을 더욱 우호적으로 해결하고, 시민으로서의 책임을 다하기 때문이다. 남아시아, 사하라 이남의 아프리카 그리고 다른 저개발 국가들을 보면, 점점 더 많은 사회과학자들이 사회적 자본과 관련 있다고 하는 – 일반적으로 사회적 네트워크 안에 내재하는 정보, 신뢰, 그리고 호혜성의 규범으로 정의되는 것들이 부족할 때, 상호 이익이 될 집단적 행동을 위한 명백해 보이는 기회들을 놓치게 되는 것을 볼 수 있다. 예전에 공산주의 국가였던 나라들과 중동에 대한 보고서들을 보면 똑같은 문제들을 확인할 수 있다. 이런 환경에서, 범죄, 부패, 그리고 무질서가 일상의 현실인 곳에서, 가장 신중하게 입안된 개발정책을 이행하려는 시도들이 일찌감치 그리고 빈번하게 실패로 끝나는 것은 놀라운 일이 아니다(Woolcock, 1998: 153).

특히 사회적 자본은 다양한 학문 영역의 논의들 속에서, 중도좌파 정치를 통해, 또한 세계 경제개발과 사회적 일신을 위한 새로운 사고 속에서 활발히 전거되고 있다. 사회적 자본은 자콥스

(Jacobs), 하니펀(Hanifan), 그리고 루어리(Loury) 등에 의해 출현했지만, 개념적으로 발전하게 된 것은 부르디외, 콜만, 그리고 퍼트남 등을 통해서이다. 부르디외는 사회적 자본과 유사하면서도 경쟁적인 개념인 문화적 자본을 논의하면서 사회적 자본을 다루었지만, 그의 논의는 대단히 개략적이고 불완전하다. 콜만은 인적 자본과의 상보성을 논하면서 좀더 살을 붙였지만, 충분하지는 않았다. 퍼트남은 그 바톤을 넘겨받아, 시민공동체의 형성을 위해 사회적 자본을 논한다. 그는 사회적 자본을 전세계적으로 친숙하고, 정책적으로 적실성이 있는 개념으로 만드는데 선도적인 역할을 하고 있다(Portes, 1998: 1-4).

사회적 자본은 사회내의 인간 활동을 통해 축적되며, 개인과 사회의 모든 활동 및 가치관에 영향을 미친다. 아울러 사회적 자본은 사회의 규범, 신뢰, 그리고 네트워크를 형성하고, 사회의 발전과 관련이 있으며 사회변화에 따라 영향을 받는 자본이다. 사회적 자본, 사회적 네트워크, 그리고 그것으로부터 발생하는 호혜성, 공동의 목적을 성취하기 위한 네트워크의 가치기준 등은 오늘날 다양한 학문 영역에서 특징적으로 다루어지고 있다. 사회적 관계나 신뢰와 같은 가치의 중요성에 주의를 기울이는 사회적 자본은 분명 많은 사람들에게 대단히 매력적이다. 그러나 현재 논의되고 있는 사회적 자본의 대부분은 부분적이고 단일 학문 분야에 의한 것이다(Schuller, Baron & Field, 2000). 사회적 자본의 개념은 학자에 따라 또는 다루는 학문 분야에 따라 서로 다른 의미로 사용되고 있지만, 그럼에도 공통적으로 사회적 자본이 '관계적'이라는 점에는 이견이 없다. 경제적 자본이 개인의

은행 구좌에 있고, 인적 자본이 개인의 머리 속에 있는 반면에, 사회적 자본은 개인들의 관계 구조에 있다. 사회적 자본을 소유하기 위해서, 사람들은 다른 사람과 관계를 맺어야만 한다. 자기 이익의 실질적 원천이 바로 자기 자신이 아니라 다른 사람인 것이다(Portes, 1998: 3). 다음에서는 부르디외, 콜만, 퍼트남을 중심으로 사회적 자본의 정의를 살펴본다.

부르디외: 불평등 재생산과 사회적 자본

사회적 자본을 처음으로 개념화한 사람은 부르디외이다. 그는 1985년 "자본의 유형"이라는 논문을 발표하였는데, 그는 이 글에서 자본을 인적 자본, 사회적 자본, 문화적 자본으로 구분하였다. 경제적 자본이 즉각적이고 직접적으로 현금화할 수 있는 것으로 재산권의 형태로 제도화된다면, 문화적 자본이란 어떤 조건하에서 경제적 자본으로 바뀔 수 있는 것으로서 육화된 상태(embodied state, 주입과 동화에 따른 유기체의 지속적인 성향인 지식, 교양, 취미, 감성 등)나 문화적 상품(문화적 상품으로 객체화된 수집된 그림, 책, 사전, 도구, 기계 등)의 상태로 존재하기도 하지만 학교 졸업장 같은 제도화된 상태로도 존재한다. 반면에, 사회적 자본은 '상호 인정과 상호 인식으로부터 다소 제도화된 지속적 네트워크의 소유와 관련된 현재적이고 잠재적인 자원의 집합'이다(Bourdieu, 1986: 248-249). 달리 표현하면, 공통적 속성을 가졌을 뿐만 아니라, 영속적이고 유용한 관계에 의해 뭉쳐진 사람들의 총체인 한 집단에 소속함으로써 얻게 되는 자원으로서 '인맥'이란 개념에 가깝다. 따라서 한 사람이 소유한 사회적 자본의 총량은 그가 동원할 수 있는 네트워크의 범위와 그 네트워크에 연결된 사람들의 경제적, 문화적, 상징적 자본의 총량이 된다(Bourdieu, 1995: 12).

사회적 자본이란 한 집단에 속하는 멤버십으로서, 집단적으로 소유하는 자본의 후원을 받을 수 있다는 '신임장'과 같은 것이다. 사회적 자본은 한 개인이나 집단이 소유한 경제적, 문화적 자본으로 곧바로 환원하기가 쉽지 않지만 그것과 완전히 관계가 없을 수 없다. 상호인정을 제도화하는 교환은 최소한의 객관적 동질성의 인정을 전제로 하고, 개인적으로 소유한 자본에 승수효과를 발휘하기 때문이다. 따라서 사회적 자본의 재생산은 끊임없는 사교적 노력, 즉 서로를 끊임없이 인정하고 재긍정하는 계속적인 일련의 교환을 전제로 한다. 경제적 논리에서 보자면 경제적 자본을 사회적 자본으로 바꾸는 전환은 순전히 낭비로 보일 수 있지만, 사회적 교환의 논리에 따르면 그것은 확실한 투자로서 결국 금전적으로나 비금전적으로나 이익이 된다. 이런 점에서 부르디외의 사회적 자본은 도구적 성격이 강하며, 자연적으로 주어지는 것이 아니라 무엇인가를 기대하면서 투자함으로써 형성된다(Portes, 1998: 4).

부르디외는 아비투스(habitus, 우리말로 굳이 번역하자면 '실천감각'정도로 할 수 있으나 '습관'이나 '습성'과는 구별된다. 부르디외에 따르면 '습관'은 반복적이며, 기계적이고, 자동적이고, 재생산적인데 반해서, 아비투스는 고도로 '생성적'이어서 스스로 변동을 겪으면서 조건화의 객관적 논리를 생산하는 경향이 있다)

의 생산조건이라는 관점에서, 즉 기본적 생활조건과 그것이 부과하는 조건화와 관련하여 가장 동질적인 단위들을 재구성하는 경우 자본의 양과 구성, 그리고 앞의 두 특성의 시간적 변천이라는 세 가지 기본적 차원에 의해 규정되는 공간을 구성할 수 있다고 한다. 주요한 차이, 즉 생활조건의 주요한 계급들을 갈라놓는 차이들은 실제로 이용 가능한 자원과 권력의 총체로서의 자본의 총량으로부터 - 경제적 자본, 문화적 자본, 그리고 또한 사회적 자본으로부터 유래한다(Bourdieu, 1995: 114). 여기서 '또한'은 사회적 자본을 부르디외의 시야에서 효과적으로 탈락시키고 경제적 자본과 문화적 자본 아래 포섭하는 키워드이다. 문화적 관점에서 계급 관계의 재생산을 이론화 하는데 관심이 있었던 부르디외는 사회적 자본을 세 가지의 근본적인 자본 가운데 하나로서 그의 분석의 중심 가까이에 두었으나, 더 이상 이론의 발전은 없었다(Schuller, Baron & Field, 2000: 5).

부르디외는 사회적 자본을 불평등과 배제를 재생산하는 기제이며 바람직스럽지 못한 것이라고 바라본다. 사회적 자본은 사회적 조화나 경제적 번영을 일으킬 수 있는 자비로운 그 무엇으로 이해될 수 없다. 오히려 그것은 상류계급과 중간계급이 능력주의라는 위협에 맞서 그들의 특권을 방어하기 위해 사용하는 부당한 기제이며, 평등한 사회를 위해 없어져야 할 사악한 힘이다(Riddle, Baron & Wilson, 1999: 5-6).

이러한 부르디외의 입장은 여러 가지 점에서 비판을 받고 있다. 무엇보다도 먼저, 부르디외는 사회적 자본이 고정적이 아니라 가변적인 성질을 지니고 있다는 점을 간과함으로써 그것이 사회적 평등에 기여할 수 있는 가능성을 무시하였다. 뿐만 아니라 부르디외는 노동자 계급의 사회적 자본이 경제적 가치가 없는 것으로 생략하고 언급하지 않았다. 그렇지만 노동자 계급의 사회적 자본도 중간계급의 그것만큼 가치가 있을 수 있으며, 이런 점에서 가치롭고 생산적인 사회적 자본을 만들어내는 것이 교육의 주요한 목적으로 고려되어야 한다는 점을 소홀히 하였다.

콜만: 인적 자본 형성과 사회적 자본

부르디외와 비교할 때, 콜만의 논의는 다차원적이다. 사회적 자본에 대한 콜만의 연구는 사회학과 경제학이라는 두개의 서로 다른 학문분야의 관점을 통합하려는 관심으로부터 시작된다. 그는 사회적 행동을 설명하는 데는 크게 두 가지의 지적 경향이 있다고 본다. 그 하나는 사회학자들의 연구에서 특징적으로 나타나는 것으로, 행위자(agent)를 사회화된 존재라고 전제하고 그들의 행동을 사회적 규범, 규칙, 그리고 의무에 지배되는 것이라고 주장하는 것이다. 다른 하나는 경제학자들의 연구에서 나타나는 것으로, 행위자를 독립적으로 목적을 추구하고 행동하는 전적으로 이기적인 존재로 주장한다.

콜만이 보기에 사회학적 관점은 행위자를 '행동의 엔진'이 없는 환경의 산물로 본다는 점에서 약점이 있다. 반면에 경제학적 관점은 행위자의 행동이 사회적 맥락에서 형성되고 수정되고 제한된다는 현실을 무시한다는 한계가 있다. 콜만은 경제체제 뿐만 아니라 사회체제에 대한 분석을 위해 사회조직이라는 개념을 폐

기하지 않으면서도 경제학자들로부터 합리적 행동 개념을 가져
온다(Coleman, 1990: 302). 콜만은 사회구조의 이해와 합리적
선택이론을 통합하고자 하는 연구에서 사회적 자본이라는 개념
을 발전시킨다.

콜만에 따르면, 사회적 자본은 '행위자가 이용할 수 있는 일
종의 특별한 자원'으로서 그 기능들에 의해 정의되며, 두 가지
공통된 요소 – '사회구조'와 구조 안에서의 (개별적인 사람들이
건 집합 행위자이건) '행위자들의 행동'으로 구성된다(Coleman,
1997: 81). 콜만은 물적 자본과 인적 자본과의 대비를 통해 사
회적 자본을 정의한다. 일반적으로 물적 자본은 도구나 기계 그
리고 생산과 관련된 장치 등에 대한 투자를 의미하는 것으로, 대
체로 관찰이 가능한 물질적 형태로 체화되어 손으로 만질 수 있
다. 인적 자본은 개인 안에 체화된 기술이나 지식 등과 같이 다
소 가시적이지 않는 자본을 말한다. 이에 비하여, 사회적 자본은
개인들 간의 '관계'에 내재한다. 다른 형태의 자본들과는 달리,
사회적 자본은 행위자들 사이의 그리고 행위자들 가운데의 관계
구조 안에 내재한다. 물적 자본과 인적 자본이 생산 활동을 촉진
하는 것처럼, 사회적 자본도 그러하다. 예를 들어, 광범위한 신
뢰가 존재하는 집단은 신뢰가 형성되지 못한 집단보다 성공할
가능성이 높다.

콜만은 특히 신뢰와 사회적 네트워크를 강조하고 있다. 그가
제시하는 사회적 자본의 형태와 기능은 다양하지만, 개인들에게
유용한 자원인 사회적 관계는 다음과 같은 세 가지 정도로 정리
할 수 있다(Coleman, 1988: 84-86). 첫째, 의무와 기대로 표현

되는 신뢰이다. 신뢰는 거래비용을 감소시키는 효과가 있다. 경제적 성장이나 후진성의 이면에는 상호신뢰의 여부가 자리 잡고 있다. 신뢰라는 사회적 자본은 사람들 간의 장기적인 통합을 가능케 하므로, 이기적인 개인들만으로는 불가능한 일들을 가능케 한다. 둘째, 정보소통의 통로이다. 정보는 행동을 하기 위한 토대가 되지만, 정보의 획득은 비용이 많이 든다. 정보를 얻을 수 있는 한 가지 방법은 다른 목적으로 맺어진 사회적 관계를 이용하는 것이다. 마지막으로, 규범과 그에 따른 효과적인 제재를 들 수 있다. 규범은 내면화를 통해 혹은 외적인 제재를 통해 지탱되는데, 이런 종류의 규범은 집단 안에 존재하는 공익의 문제를 극복하는데 중요하다. 그러나 어떤 행동을 촉진하는 규범은 다른 행동을 억제할 수도 있다.

모든 사회적 관계와 사회구조는 어떤 형태로든 사회적 자본을 촉진한다. 그러나 어떤 종류의 사회구조는 사회적 자본을 촉진하는 데 특히 중요하다. 콜만은 효과적인 규범을 갖는 사회적 관계의 한 가지 특성을 폐쇄성(closure)이라고 한다(Coleman, 1988: 86-87). 규범은 부정적인 외부효과를 줄이고 긍정적 외부효과는 고무하기 위한 목적으로 생겨난다. 그러나 많은 사회구조에서 규범은 생겨나지 않는데, 그 이유는 사회구조가 폐쇄되지 않았기 때문이다.

[그림 2-1] 네트워크와 폐쇄성 여부

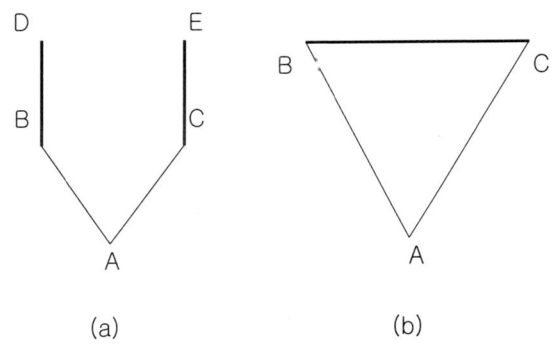

(a)   (b)

출처: Coleman(1988: 86)

개방적 사회구조(a)에서는 행위자 A가 B와 C에게 동시에 부정적 외부효과를 갖는 행동을 하더라도, B와 C가 서로 관계를 맺고 있지 않기 때문에 함께 A에게 효과적인 제재를 가할 수 없다. 반면에 폐쇄적인 구조(b)에서는, B와 C는 집단적인 제재를 가하기 위해 협력하거나 혹은 A에게 제재를 가하는 사람에게 보답할 수 있다.

[그림 2-2] 부모(A, D)와 아동(B, C)의 네트워크와
세대간 폐쇄성 여부

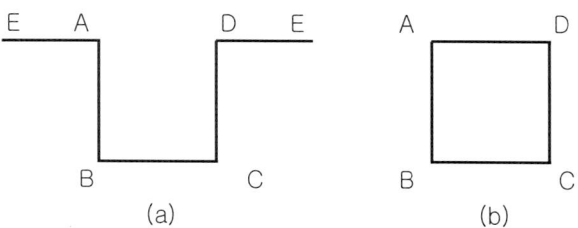

출처: Coleman(1988: 87)

　부모가 자녀들에게 부과하는 규범의 경우, 구조의 폐쇄성은 좀
더 복잡한 구조를 요하는데, 이를 콜만은 세대간 폐쇄성이라고
한다. 세대간 폐쇄성은 부모와 자식간 그리고 가족 외부와의 관
계를 나타내는 간편한 그림으로 설명될 수 있다. 여기서 세로선
은 세대간(부모-자식) 관계이고, 가로선은 같은 세대의(부모-부
모, 자녀-자녀) 관계를 나타낸다. 학교 학생들의 부모들 간에 유
대가 있을 경우 세대간 폐쇄성이 있다고 할 수 있다(b). 이 경
우, 부모의 친구는 자녀 친구의 부모이다. 부모인 A와 D는 자녀
의 행동에 대해 의논하고, 행동 기준과 제재에 대한 합의를 할
수 있다. 또한 부모인 D는 자신의 자녀인 C뿐만 아니라 A의 자
녀인 B도 감독할 수 있다. 사회구조의 폐쇄성은 효과적인 규범
을 위해서 뿐만 아니라 또 다른 형태의 사회적 자본(의무와 기대
를 확산시키는 신뢰의 사회구조)을 위해서도 중요하다. 폐쇄성이
사회구조에 신뢰를 불러일으킨다고 할 수 있다.
　콜만은 그의 경험적 연구를 통해, 가족과 지역 공동체의 사회

적 자본이 다음 세대의 인적 자본을 만드는데 영향을 미친다고 주장한다. 그는 사회적 자본을 주로 미국 공립학교에서의 중도탈락과 학업성취와 관련하여 경험적으로 분석하고자 하였다. 그는 가족 배경이 적어도 세 가지의 구성요소인 재정 자본, 인적 자본, 그리고 사회적 자본으로 나뉜다고 본다. 또한 부모의 존재여부 등 가족의 사회적 자본은 재정 자본이나 인적 자본과 같이 자녀를 위한 교육자원이다. 가족 관계로 체화된 사회적 자본을 통해 부모의 인적 자본과 재정 자본이 적절하게 전달되지 못한다면, 부모가 가진 자본은 자녀의 교육적 성장에 쓰일 수 없다. 또한 가톨릭계 학교가 다른 사립학교나 공립학교보다 중퇴율이 낮은데, 이는 학교를 중심으로 하는 어른들의 지역 공동체의 사회적 자본이 중요한 것임을 알게 해준다.

최근 들어 콜만의 주장은 다음과 같은 다양한 비판에 직면하고 있다. 포르테스(Portes, 1998: 5-6)는 콜만이 결국 수많은 서로 다른 그리고 대조적인 과정에 사회적 자본이라는 이름을 붙일 수 있게 하는 '다소 모호한 정의'를 사용했다고 비난한다. 예를 들어, 콜만은 한편으로 (사회적 자본으로 정의될 수 있는) 사회구조의 멤버십과 다른 한편으로 그러한 멤버십을 통해 획득되는 자원들을 구별하지 않는다. 사실, 이 문제는 사회적 자본 논의의 이론적 치밀함이나 개념적 일관성과 관련된 것으로 콜만에게만 발견되는 문제라고 보기는 어렵다. 사회적 자본은 아직 청년기적 특성을 갖는 미완의 개념인 것이다. 사회적 자본의 미래는 아직 아무도 모른다.

보다 중요한 한계는 콜만이 한 가지 형쾌의 사회적 자본에만 역점을 두었다는 것이다. 콜만이 사회적 자본을 촉진한다고 주장한 사회구조는 한마디로 폐쇄적인 네트워크이다(Coleman, 1988: 86-87). 그는 '출산'에 기초한 친족관계와 이웃 등의 친밀한 유대를 지나치게 강조했고, 새로운 지식과 자원에의 접근을 제공하는데 더욱 효과적인 약한 유대, 사회적 네트워크나 시민적 참여와 같은 이차적 관계는 소홀히 하였다. 그는 일차적인 사회적 관계가 쇠퇴하면 사회적 자본이 사라질 것이라고 우려한다. 그는 '구성된' 사회적 조직이 사회적 자본의 원천이 될 수 있다는 사실을 고려하지 않는다. 그라노베터(Granovetter)는 유동적이고 개방된 사회에서 높은 수준의 개인적 신뢰가 경제적으로 역기능적일 수 있다고 하면서 친밀한 유대(close ties)에 대비되는 약한 유대(weak ties)가 오히려 이롭다고 주장한다. 약한 유대는 가족이나 이웃간에 존재하는 튼튼한 관계없이도, 행위자들이 서로서로 일정 수준의 신뢰를 형성하는 것을 가능케 한다. '가족이라는 내부지향적이고 강한 유대'가 아동들을 '성실한 인물'로 자라도록 돕지만, 또한 성인들이 '위험사회에 맞서고 유동적인 노동시장에서 충분한 기회를 갖는 방법'을 학습하지 못하게 할 수 있다는 것이다(Pahl & Spencer, 1997: 102를 Field, Schuller & Baron, 2000: 248에서 재인용).

마지막으로 콜만은 부르디외와 달리 사회적 자본이 평등과 정의에 도움이 된다는 점을 강조했지만, 반대로 사회적 자본이 또한 사회적 계급구조를 강화하고 불평등의 새로운 원인을 만들 수 있는 가능성을 무시한다. 콜만은 사회적 자본이 인종적이고 사회적인 불평등을 해소하는데 일조할 수 있다고 한다. 그는 사회적 자본이 폐쇄적이고 비생산적일 수 있음을, 한 집단이나 개인이 사회적 자본을 이용함으로 다른 집단이나 개인이 희생될 가능성이 있음을 간과한다.

콜만은 기능주의적인 입장에서, 다소 보수적이고 유기적인 사회적 자본 개념을 강조한다. 이것은 특히 가족 내 관계에 대한 다소 획일적이고 전통적인 견해를 견지하기 때문에, 페미니스트들의 맹렬한 공격 대상이 된다. 그는 평등에 관심을 두었다고 하지만, 노동시장에서 주변화 되고 인적 자본 이론에서 소홀히 여겨지는 성이나 장애와 같은 형태의 불평등에 대해서는 눈을 감았다. 끊임없는 지식과 기술의 업데이트를 위한 평생교육이 개인의 책임이 되는 사회에서, 실직하고, 기술숙련도가 낮고, 그리고 영구 불변적으로 학습능력이 손상된 운명에 처한 사람들, 예를 들어 뒤르껭(Durkheim)이 말한 '정상'으로부터 벗어난 사람들에게 있어서 사회적 자본은 무엇인가?

콜만에 따르면, 지역 공동체의 사회조직과 가족관계에 내재하는, 아동과 젊은이의 인지적 혹은 사회적 발전에 유익한 자원인 사회적 자본은 교육적 성취와 사회적 불평등의 관계를 이해할 수 있는 방법으로서 중요하다. 즉, 콜만의 출발점은 현대 정책관련 논의에서 인적 자본론이 지배적인 것에 대한 가벼운 비판으로, 공동체와 가치에 초점을 두어 인적 자본의 개인주의와 편협한 도구주의의 문제를 상쇄할 수 있게 해준다. 그는 부르디외와 달리 교육과 인적 자본의 형성이라는 특수한 맥락에서 사회적 자본이라는 개념을 도입하고 그 유용성을 검토한다. 또한 그는 사회적 자본의 개념 영역을 확대시켜서 비엘리트 집단들의 사회적 관계까지도 포함시켰고, 경험적인 조사연구를 통해 사회적 자본을 측정하고 분석할 수 있는 길을 텄다. 그러나 그가 사회적 자본 논의에 대해 가장 크게 공헌한 점은 개념에 대한 비교적 올바르고 정리된 설명을 했다는 것이다. 따라서 사회적 자본의 확산에 가장 공이 큰 정치학자 퍼트남은 콜만의 *Foundation of Social Theory*(1990)를 그의 연구의 이론적 근거자료로 삼았다.

퍼트남: 정치경제적 발전과 사회적 자본

사회적 자본은 이제 다양한 학문 영역에서 주목받고 있다. 다른 누구보다도 가장 많이 인용되고 있는 퍼트남은 이 개념을 이슈화하고, 주류의 정치적 논의에 성공적으로 포함시킨 사람이다. 『사회적 자본과 민주주의』(Making Democracy Work, 2000)에서 그는 이탈리아의 사례에서 발견한 사회적 자본의 중요성이 현대 미국사회 뿐만 아니라 여타 지역에도 보편적 함의를 줄 수 있다고 하면서, 미국의 게토 거주자나 제3세계의 가난한 농부들에게도 사회적 자본이야말로 꼭 필요한 처방이 될 것이라고 한다. 그는 제도적 성취와 경제발전이 성공적인 북부지역과 덜 성공적인 남부지역의 차이를 시민공동체를 중심으로 집중적으로 분석한다. 에밀리아-로마냐를 비롯한 북부지역은 시민성의 잣대로는 가장 높은 점수를 받았지만, 고전적인 의미에서의 전통적인 '공동체' (우리의 통속적인 기억 속에 이상화된 친밀한 마을)와는 거리가 멀다. 그러나 그 곳에는 사회적 연대성의 네트워크가 유난히도 많이 중첩되어 있고, 시민들도 보기 드물게 높은 공공정신을 가지고 있다. 요컨대, 시민공동체의 망이 잘 발달해 있다. 시민적 참여의 규범과 네트워크가 잘 발달한 덕분에, 정부를 포함해서 모든 종류의 집합행동이 수월해진다.

그에 따르면, 집합행동의 딜레마를 극복하고 성공하느냐 혹은 자기패배적인 기회주의에 빠지느냐의 여부는 특정한 게임이 행해지는 보다 넓은 사회적 맥락에 의해 결정된다. 자발적 협력은 호혜성의 규범과 시민적 참여의 네트워크 등의 사회적 자본이 충분히 축적된 공동체에서 더 쉽게 달성된다. 여기서 사회적 자본이라 함은 협력적 행위를 촉진시켜 사회적 효율성을 향상시킬 수 있는 사회조직의 속성, 즉 신뢰, 규범, 그리고 네트워크 등을 지칭한다(Putnam, 2000a: 281). 시민적 공동체는 이러한 속성을 가지고 있다.

퍼트남은 시민적 참여의 수평적 네트워크를 의미하는 사회적 자본이 정치체와 경제의 성과를 규정한다고 한다. 강력한 사회는 강한 경제를 의미하고, 강력한 사회는 강한 국가를 의미한다. 그는 정치적 안정과 정부의 효과성 그리고 경제발전을 위해 사회적 자본이 물적 자본이나 인적 자본보다 더 중요할지도 모른다고 한다. 그의 결론은, 민주주의는 '독립적이고 오랜 전통의 시민적 참여가 존재할 때 더욱 효과적일 수 있다'는 것이다.

그 후 그는 미국의 시민적 참여의 쇠퇴에 주의를 돌린다. 그는 *Bowling Alone*(2000b)에서 사회적 자본을 보다 구체화해서 정의한다.

물적 자본이 물체를 의미하고 인적 자본이 개인의 특성을 의미하는데 반하여, 사회적 자본은 개인들 사이의 관계 - 사회적 네트워크, 호혜성의 규범, 그리고 그로부터 일어나는 신뢰를 의미한다. 그런 의미에서 사회적 자본은 '시민적 덕목'(civic virtue)과 밀접하게 관련된다. 차이가 있다면, '사회적 자본'이 주목하는 사실은 시민적 덕목이 상호적 사회관계의 의미 네트워크 안에 내재되었을 때 가장 강력해질 수 있다는 것이다. 유덕하지만 고립된 개인들로 구성된 사회는 반드시 사회적 자본이 풍부한 사회는 아니다(Putnam, 2000b: 19).

그는 이웃과 커피를 마시는 것으로부터 적극적인 정치참여에 이르기까지 태도와 행동에 대한 분석을 통해, 사회적 자본의 수준이 60년대 중반 이후로 광범위하고 계속적으로 쇠퇴하고 있음을 확인한다. 그는 그 원인으로 텔레비전과 세대변화에 주목한다(시민적 마인드를 가진 세대는 그들의 자녀와 손자들인 베이비붐 세대와 X세대에 의해 대체되고 있다). 그러나 일단의 논평가들은 우리가 목격한 것이 반드시 쇠퇴라기보다는 변화라고 주장한다.

퍼트남은 처음에는 신뢰, 규범, 그리고 네트워크를 사회적 자본의 세 요소라고 했고, 이제는 강조점을 네트워크와 호혜성의 규범으로 바꾼다. 더 나아가, 퍼트남은 네트워크만을 좀 더 엄격하고 확실한 사회적 자본이라고 하기도 한다(Schuller, Baron & Field, 2000: 10-11). 그는 규범이라는 부담을 버림으로써, 사회적 자본의 '어두운 면'을 인정하고, 그것이 부정적인 결과를 외적으로 사회에 대해, 내적으로 네트워크의 구성원들에 대해 초래할 수 있다는 것을 받아들인다.

Bowling Alone 이후, 그는 온정적 보수주의를 주장하지 않는다. 대신, 그는 사회적 자본이 불평등 수준과 상반되는 것이라고

본다. 그는 미국 각 주들을 대상으로 사회적 자본의 수준과 불평등 수준간의 넓은 범위에 걸친 상관관계를 알아본다(Putnam, 2001: 51). 그는 이것을 옹호하기 위해, 사회적 자본의 '결속형'(bonding, 혹은 배타)과 '교량형'(bridging, 혹은 포용) 형태 사이의 긴장을 상당히 강조한다. 그는 결속형 사회적 자본이 강력한 내(內)집단적 유대를 형성하면서 외(外)집단적으로는 강력한 적대감을 형성할 수 있는 일종의 사회학적 고강력 접착제라고 한다. 반면, 이질적 집단들 간의 관계를 형성하는 교량형 사회적 자본은 보편적인 정체성과 호혜성을 생기게 한다(Putnam, 2000b: 22-23). 그는 이 두 가지 형태 사이에 상쇄효과 혹은 긴장이 있으면 좋다고 주장하면서, 두 가지 모두가 많은 경우 강력하고 긍정적인 효과를 가질 수 있다고 한다. 그러나 사회적 자본에 대한 퍼트남의 이해는 기본적으로 기능적이고 보수적인 것으로, 앞서 살펴본 콜만에 대한 비판을 벗어나기 어렵다.

사회적 자본의 특징과 한계

사회적 자본의 구성요소

사회적 자본의 개념은 다양하게 이해되고 있고, 주요 구성요소 혹은 원천에 대해서도 학자마다 다른 견해를 피력하고 있다. 그러나 대개는 사회적 자본이 네트워크, 호혜성의 규범과 가치에 의해 발생하고, 그 결과로 신뢰가 발생한다고 본다.

네트워크: 사회적 자본은 상호작용을 전제로 한다. 상호작용은 사람들로 하여금 네트워크를 형성하고, 공동체를 유지하고, 그리고 사회구조를 구성하게 해준다. 규범과 정보의 흐름은 네트워크가 기능하는데 가장 중요한 특징이다. 사회적 자본은 행위자들 간의, 그리고 사회제도 간의 네트워크 - 관계구조 안에 내재하는 것이다.

특히, 퍼트남은 수직적이고 '기둥 같은'(maypole-like) 네트워크보다는 시민적 참여의 수평적이고 '거미줄 같은'(web-like) 네트워크가 사회의 보다 넓은 범위를 포괄할 가능성이 높으며, 따라서 공동체 수준에서의 협력의 기초가 된다고 한다(Putnam, 2000a: 290-291). 나아가 그는 사회적 자본을 결속형과 교량형으로 구분한다. 결속형이 배타적 정체성을 갖는 동질적 집단의 사회적 자본 형태라면, 교량형은 광범위한 정체성과 호혜성을 갖는 포용적 사회적 자본의 형태이다. 그러나 결속형과 교량형은 사회적 네트워크를 단정적으로 분리할 수 있는 '양자택일' 범주가 아니고, 다양한 형태의 사회적 자본을 비교할 수 있는 '다소간의 정도의' 차원들이다(Putnam, 2000b: 23). 예를 들어, 인터넷 동호회의 경우, 지역, 성, 나이, 그리고 종교에 있어서는 이질적일 수 있지만, 교육이나 이데올로기에 있어서는 대단히 동질적이다.

울콕(Woolcock, 1998)은 여기에 서로 다른 사회적 계층간의 관계를 말하는 연계형(linkage)을 덧붙인다. 한편, 경제사회학자인 그래노베터는 '강한' 개인간의 유대(strong interpersonal ties: 친족이나 친밀한 우정관계)보다 '약한 유대'(weak ties: 이차적 집단에서의 멤버십이나 면식 등)가 공동체의 응집력을 유지하고 집단적 행동을 지속하는데, 또한 직업을 구하는 등의 개인적 이유로도 더욱 중요한 자산이라고 한다. 강한 유대보다 약한 유대는 나에게 기대치 않았던 기회를 갖게 하고, 따라서 사람들의 운명에 강한 영향을 미친다. 이것을 그는 '약한 유대의 힘'이라고 한다(Putnam, 2000b: 319-320).

호혜성의 규범: 네트워크로 연결된 사람들은 왜 서로서로에 대해 신뢰하고 협동하는 것일까? 그것은 포괄적 호혜성의 규범 때문이다. 내면화를 통해 혹은 외부적인 제재를 통해 지탱되는 규범은 공공재의 문제를 극복하는데 중요하다. 그러나 다른 종류의 자본들과 마찬가지로, 어떤 행동은 촉진하지만 어떤 행동은 억제한다. 규범은 교육을 포함하는 사회화, 상호작용의 모델, 그리고 처벌에 의해 유지되고 강화된다. 퍼트남은 규범에서 가장 중요한 요소는 호혜성이라고 한다. 호혜성은 다시, 등가의 항목을 동시에 교환하는 구체적인 것과 단기적 이타주의와 장기적 개별이익을 추구하는 포괄적인 것으로 나뉜다(Putnam, 2000b: 20-21). 사회적 자본은 포괄적 호혜성을 포함하는데, 포괄적 호혜성이란 이기적이고 공리주의적인 합리적 계산에 따른 것이 아니라 '아메리카 인디언의 선물'(Indian giving, 언젠가 선물을 받은 사람으로부터 답례를 기대하는 마음) 개념과 유사하다(Wilson, 1997: 747). 퍼트남은 포괄적 호혜성의 규범이 황금률과 같은 것으로, 사회적 자본의 매우 생산적 요소라고 한다.

신뢰: 신뢰는 사회적 자본의 한 구성요소로 간주되기도 하고, 사회적 자본의 결과로 간주되기도 한다. 콜만은 신뢰를 개별 행

위자들 간의 상호 신뢰, 여러 행위단위들 간의 관계의 고리를 연결하는 매개물로서의 신뢰, 그리고 공동체의 다양한 구성원간의 제삼자 신뢰 등으로 나눈다(Coleman, 1990: 175ff). 퍼트남은 처음에는 신뢰를 사회적 자본의 가장 중요한 구성요소라고 했지만, 개념을 명료화하는 과정에서 신뢰를 탈락시킨다. 어쨌든, 그는 신뢰를 사회생활의 윤활유와 같은 것이라고 한다(Putnam, 2000a: 287). 후쿠야마는 경제학적 입장에서 신뢰의 가치를 조명한다. 그는 신뢰를 어떤 공동체 내에서 그 공동체의 다른 구성원들이 보편적인 규범에 기초하여 규칙적이고 정직하며 협동적인 행동을 할 것이라는 기대라고 한다(Fukuyama, 1996: 49). 한 나라의 경쟁력과 잘삶의 수준은 단일하면서도 일반화된 문화적 특성인 사회의 고유한 신뢰 수준에 의해 결정되고, 신뢰를 담는 그릇이 사회적 자본이다. 그는 자유주의적 정치경제제도가 건강하고 역동적인 시민사회의 도움으로 생명력을 지속시킬 수 있다고 하면서, 사회적 자본의 결정적 역할을 강조한다. 일본, 독일, 미국 같은 나라가 산업화에 의해서가 아니라 사회적 자본이라는 건전한 사회적 유산을 지니고 있었기 때문에 거의 모든 부분에서 주도적인 세계 산업 강대국이 되었다고 주장한다.

사회적 자본은 어디에서 오는가? 퍼트남은 사회적 자본이 오랜 역사적 경험을 통해 축적되고 형성된다고 본다. 오랜 기간에 걸쳐 점진적으로 형성되는 역사적 산물이라는 것이다. 무릇 모든 것들이 그러하듯이 사회적 자본 또한 형성되는 것에 비하여 손상은 매우 빨리 쉽게 된다. 예를 들어, 믿을만한 친구 관계는 만들기 어렵지만, 그러한 신뢰관계가 깨지는 것은 순식간이다. 앞서 살펴본 바와 같이 부르디외는 사회적 자본 – 특정한 공동체에의 멤버십이 다양한 혜택과 기회를 제공한다고 한다. 콜만은 사회적 연대로부터 발생하는 개인의 자원으로 정의한다. 이와 같이 사회적 자본은 사람으로부터, 사람들과의 관계로부터 발생한다. 사회적 자본의 자원이 곧 사람인 것이다.

그런데 왜 일부 사람들은 구체적인 보상 없이도 다른 사람들에게 유용한 자원을 기꺼이 만드는가? 포르테스는 사회적 자본의 원천을 두 가지로 구분하고 있다(Portes, 1998: 7-8). 그 하나는 가족, 친족, 계급, 그리고 직업적 집단에서의 사회화 과정으로부터 파생되는 '완결적' 원천이고, 다른 하나는 호혜성을 기대하면서 행하는 유목적적 교환으로부터 나오는 '도구적' 원천이다. 중요한 사실은 사회적 자본이 시간이 흐르면서 자연스럽게 만들어지기 보다는 구성원들의 의식적인 노력이 필요하다는 점이다. 이런 점에서 사회적 자본은 두 얼굴을 가지고 있다고 할 수 있다. 높은 수준의 사회적 자본은 외부인의 배제를 초래하고 사회적 규범을 어긴 사람을 처벌하게 된다. 많은 게토지역에서 중류계급의 주류와 연결을 맺고자 하는 개인들은 공동체의 다른 구성원들로부터 계속해서 언어적 공격의 대상이 된다.

포크와 킬패트릭은 사회적 자본의 축적이 학습을 통한 상호작용 과정의 산물이라고 본다. 그들은 사회적 자본이 형성되기 위한 전제 조건으로 충분한 양과 질의 학습을 위한 상호작용이 존재해야 함을 분명히 한다. 질이 좋은 학습상호작용은 역사적 맥락, 외적인 상호작용, 호혜성, 신뢰, 규범과 가치의 공유 등을 포함한다(Falk & Kilpatrick, 1999). 따라서 사회적 자본을 형성하

기 위한 공동체의 노력과 이러한 학습과정의 구축은 본질적으로
같다고 볼 수 있다.

사회적 자본의 특징

앞에서 살펴본 바와 같이 사회적 자본에 대한 이론적 입장들
사이에는 다소간의 차이는 있지만, 서로 명확히 구분되는 것이라
고 보기는 어렵다. 이들은 공통적으로 사회적 자본이 '관계적'이
라 보는 점에서는 일치한다. 따라서 누군가가 사회적 자본을 소
유하기를 원한다면, 다른 사람과 관계를 맺어야 하는 것이다. 이
러한 특성 때문에 콜만은 사회적 자본을 개인재가 아닌 사회구
조의 속성 혹은 공공재로 이해한다.

안정된 자유민주주의와 경제적 번영의 필수조건(sine qua non)
으로서, 현대 사회의 문화적 구성요소로서, 그 외 다양한 가능성
을 제공하는 개념으로서 중요성이 더욱 강조되고 있는 사회적
자본은 다음과 같은 독특한 특징들을 갖는 개념이다.

첫째, 인적 자본과 물적 자본의 소유권이 본질적으로 개인들에
게 있다면, 사회적 자본의 소유권은 집단에 귀속한다. 다른 자본
들과는 달리, 그것은 호혜성의 기대로 구체화되고, 완전히 대체
가능한 것이 아니며, 공동체 활동에 따라 특유하다.

둘째, 전통적인 자본과 마찬가지로, 사회적 자본을 가진 자는
보다 더 많은 사회적 자본을 축적하는 경향이 있다. 그러나 사용
함으로 낡아지거나 소비되는 물적 자본과는 달리 사회적 네트워
크, 호혜성의 규범, 그리고 신뢰와 같은 사회적 자본의 대부분의

요소는 사용하면 할수록 그 공급이 많아지고 사용하지 않으면 고갈되는 속성을 가진 자기강화적 자원이다. 이러한 이유 때문에, 사회적 자본의 생산과 파괴는 선순환 혹은 악순환(virtuous and vicious circles)에 따를 것으로 기대된다(Putnam, 2000a: 285-286).

셋째, 사회적 자본은 다른 형태의 자본의 대체물이나 경쟁물이라기보다는 그것들과 상보적인 것으로 여겨진다. 이것은 특히 사회적 자본의 수단적인 가치와도 관련이 된다. 사회적 자본은 그것 자체로 가치로운 본질적인 중요성을 갖는 최고의 목적(구성적 역할)이자, 인적 자본과 물적 자본뿐만 아니라 다양한 차원의 사회적 지표들을 높일 수 있는 일차적 수단(도구적 역할)이다.

넷째, 콜만도 언뜻 내비쳤듯이 사회적 자본은 강하기도 하지만, 때로는 파괴되기가 쉽다(Coleman, 1990: 310). 사회적 자본은 형성되기는 어려워도 파괴되기는 쉬운 것이다. 그리고 손상된 사회적 자본을 원상회복하는 것은 많은 노력을 요할 수 있다.

사회적 자본의 범위와 관련해서는 다차원적인 설명이 가능하다. 즉, 부르디외의 사회적 자본은 공동체 멤버십을 통해 이익과 기회를 얻을 수 있는, 즉 투자를 통해 경제적·문화적 자본으로 전환되어 불평등을 재생산할 수 있는 사유재의 성격을 갖는다. 반면에, 콜만은 그와 함께 사회적 자본의 공공재적 성격을 논한다. 퍼트남은 더 나아가 사회적 자본을 거시적 차원에서의 공동체 정체성, 시민적 참여와 네트워크, 정치적 안정과 경제적 발전을 위한 '집단적 자산'으로서 간주한다. 퍼트남을 계승한 연구들을 보면, 이전에 개인적 자원이라고 정의되었던 사회적 자본이 이제 다양한 분야에서 집단, 사회, 국가의 자산이 되는 것을 알 수 있다. 그들에게 사회적 자본이란 정부 제도와 같은 공식적인 제도, 정치체제, 법률과 재판제도 등과 결합된다.

울콕은 사회적·정치적·거시적 환경을 포괄하는 가장 광의의 관점에서 사회적 자본을 구체화한다. 그는 비형식적, 지역적, 수평적이고 위계적인 관계에 더하여, 거시적 수준의 형식적이고 제도적인 관계를 사회적 자본에 포함시킨다. 즉, 정치적 권력, 법, 사법제도, 시민과 정치적 자유 등이 사회적 자본의 내용으로 고려된다. 따라서 수평적 결사체와 수직적 결사체 그리고 거시적 제도들이 서로 보완적 관계를 맺고 있으며, 이러한 관계, 즉 사회적 자본의 영향력의 극대화가 사회적, 경제적 결과에 대한 사회적 자본의 영향력을 극대화할 수 있다. 버클랜드(Buckland, 1998: 242를 McClenaghan, 2000: 570에서 재인용)의 '시너지 가정'이란 사회적 자본과 국가제도가 상호적으로 서로를 강화하는 것을 말한다. 이 가정은, 경제발전 전략의 실행과 지역 공공사업의 공급에 있어서 국가와 시민사회 실체 사이의 공동생산 체제나 파트너십 관계를, 파트너십을 갖는 이해당사자의 참여를 합리화하는 근거이다.

특히, 빈곤퇴치와 지속가능한 인적·경제적 발전을 위한 사회통합적 견지에서 사회적 자본의 가치를 인식하고 있는 세계은행은, 그 범위를 수평적이고 수직적인 결사체뿐만 아니라 사회구조를 형성하고 규범을 발달시키는 사회정치적 환경으로 확대한다. 이것은 정부, 정치체제, 법과 재판제도, 그리고 시민적·정치적 자유와 같은 가장 공식적인 제도적 관계와 구조로까지 분석의

범위를 확대한다. 세계은행을 비롯한 대부분의 초국가적 국제기
구들은 직접적이고 유형적 결과를 달성하기 위한 도구적 역할이
아닌 사회적 자본을 형성하는 간접적이고 촉매적인 역할로 자신
들의 성공여부를 판단하고자 한다(Wilson, 1997: 751).

  사회적 자본의 유형은 '구조적'(structural) 차원과 '인지적
인'(cognitive) 차원으로 나뉘어 설명되기도 한다. 업호프(Uphoff)
에 따르면, 사회적 자본은 구조적 사회적 자본과 인지적 사회적
자본으로 구분할 수 있고, 구조적 자본과 인지적 자본의 상호작용
의 결과로서 우리 삶에 영향을 미친다.

[그림 2-3] 사회적 자본의 유형

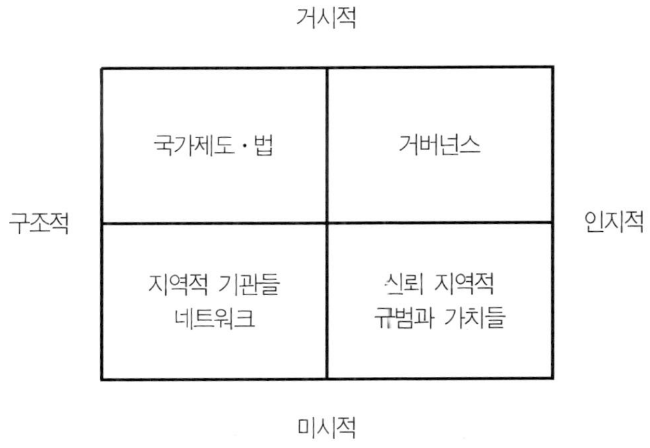

거시적

구조적	국가제도·법	거버넌스	인지적
	지역적 기관들 네트워크	신뢰 지역적 규범과 가치들	

미시적

  구조적 사회적 자본은 정보의 공유, 집합행동, 그리고 의사결
정 등을 원활하게 한다. 구조적 자본은 상대적으로 객관적이며,
외적으로 관찰가능하다. 구조적 사회적 자본은 경우에 따라 강제

적인 힘으로 작용할 가능성이 있다. 반면에, 인지적 사회적 자본은 공유된 규범, 가치, 신뢰, 태도, 신념 등 주관적이고 보거나 접촉할 수 없는 성질을 지니고 있다. 인지적 사회적 자본은 반복적인 사회적 상호작용을 통해서 형성되는 경향이 있다. 구조적 및 인지적 사회적 자본은 규범과 신념을 협동적이고 목적지향적인 행동으로 변환시키는 보완적 관계를 맺고 있다(Uphoff, 1999, 2000). 평생교육이 주로 관심을 가지는 사회적 자본은 미시적 수준의 것들이라고 할 수 있다.

그러나 두 유형의 사회적 자본이 항상 보완적 성격을 가지는 것은 아니다. 예를 들어, 이웃간의 협력은 형식적, 구조적 관계를 반영하지 않는 개인적 수준의 인지적 유대에 기초할 수 있다. 이와 비슷하게 공동체의 결사체 또한 구성원들 간의 *끈끈한* 개인적 유대를 반드시 요청하기 어렵다. 왜냐하면 자발적으로 참여한 경우도 있지만, 외적 요인에 따라 강제적으로 구성원이 된 경우도 있기 때문이다.

스타베렌(Staveren, 2000: 7)은 사회적 자본이란 고정된 모습으로 존재하는 것이 아니라, 시간과 공간에 따라 서로 다른 모습을 보인다고 한다. 다시 말해 사회적 가치(social value)는 고정적이 아니라 지속적으로 변화하며, 이 때문에 사회적 자본의 내용 또한 변화하는 성격을 갖게 되는 것이다. 그러나 사회적 자본에 대한 이러한 개념화는 다른 한편으로 사회적 자본을 지나치게 '사회적 맥락주의'(social contextualism) 입장에서 정의한다는 비판을 받을 수 있다.

사회적 자본에 대한 비판

사회적 자본에 대한 가장 체계적인 비판은 파인(Fine, 2001: 189-200)에 의해 정리되었다. 그의 사회적 자본에 대한 비판은 개념에서 경험적 증거에 이르기까지 매우 포괄적이다. 그는 사회적 자본에 대한 지나친 낙관적 기대에 대하여 우려한다. 걸음마 단계에 있는 사회적 자본을 편의적으로 사용하여 모든 것을 설명하려고 한다는 것이다. 뿐만 아니라 그가 보기에 사회적 자본은 비역사성과 몰가치 그리고 지나치게 도구성과 기능주의적 성격을 지니고 있는 보수적 개념이 될 위험성도 있다. 그는 콜만을 비롯한 사회과학자들이 사회적 자본을 사용하는 것은 사회과학 담론의 경제적 식민화를 의미하는 것이라고 비판한다. 그는 콜만이 사회적 자본과 관련하여 다른 중요한 비판적 변인들을 고려하지 않았음을 지적하고, 결과적으로 사회적 자본이 기능적인 수준을 벗어나지 못하고 있음을 비판한다.

사회적 자본이라는 용어, 개념, 측정, 그리고 기능 등과 관련하여 지적되고 있는 다양한 비판들을 정리하면 다음과 같다.

첫째, '사회적 자본'이라는 용어의 수사적 표현과 관련하여 볼 때, 사회적 자본은 '사회적'인 동시에 '자본'인 것이다. 사실, 비유인 경우를 제외하면 '사회'라는 영역과 '자본'이라는 영역은 나란히 쓰이기 어려운 면이 있다. 최근 사회적 자본과 다른 자본들의 무차별적 적용을 두고, 바론 등(Baron & Hannan, 1994: 122-1124)은 '자본의 과잉'이라고 한탄한다. 사회적 자본이라는 용어가 유용한 것은 사실이지만, '자본화'의 위험성에 대해서도 알아야 한다. 코헨(Cohen)과 프루삭(Prusak)은, 가치로운 것이라고 모두 '자본'이라고 불러서는 안 된다고 주장한다. 자칫, 사회현상과 가치에 대한 우리의 인식을 경제적인 것으로 왜곡시키는 심각한 위험성이 있는 것이다. 파인(Fine, 2001)도 이와 비슷한 입장에서 사회적 자본을 사회과학 담론에 대한 경제학의 식민화를 촉진하는 것으로 바라보고, 사회적 자본 개념의 폐기를 주장하였다.

둘째, 사회적 자본의 개념적 다양성과 가변성과 관련하여 살펴볼 수 있다. 사회적 자본의 놀라운 효과에 대한 논의들이 축적되어가고 있지만, 실제로 사회적 자본이 무엇을 의미하는가에 대해서는 많은 논란이 있다. 서로 다른 개념화는 사회적 자본의 다양한 형태 혹은 차원이 존재함을 암시한다. 어떤 면에서는 사회적 자본이 단일한 개념적 실체라는 생각에 의문을 가질 수도 있다. 울콕은 여러 다른 사회학적 전통에 토대를 둔 수정주의적 개념인 사회적 자본은 '너무나 적은 것을 가지고 너무나 많은 것을' 설명하려든다고 한다(Woolcock, 1998: 155). 따라서 사회적 자본은 모순적인 이론과 정책을 정당화할 수 있다. 사회적 자본은 급진적인 관점에서도, 혹은 좀더 중도적이거나 보수적인 관점에서도 이해될 수 있다. 그러나 이것은 역설적으로 사회적 자본의 최대 장점이 되기도 한다.

셋째, 용어와 개념에 대한 논란은 측정에 대한 논란으로 이어진다. 사회적 자본은 개념적 중요성과 측정 가능성 사이의 딜레마를 보여주는 좋은 예이다. 또한, 앞서 살펴본 사회적 자본의 정의적 다양성과 가변성은 사회적 자본의 측정을 더욱 어렵게 한다. 사회적 자본의 연구자들은 측정의 정확성과 타당성을 설득시켜야 하는 과제를 안고 있는 것이다. 사회적 자본에 대한 측정의 문제는 양적 접근법과 질적 접근법을, 횡적 분석과 종적 분석을, 개인적 차원으로부터 국가 그리고 세계체제를 넘어서는 사회단위의 범위를, 원인과 결과 사이의 순환성을, 규범적인 것과 분석적인 것 사이의 관계를 포괄하야 한다. 또한 사회적 자본의 중요성을 설득하고 정책적으로 반영하도록 하기 위해서는, 사회적 자본과 그 결과가 측정되고 그리프와 도표로 분석되어야 한다는 현실적인 문제가 있다.

넷째, 기능과 관련하여 사회적 자본은 양면성을 갖는 트로이의 목마와 같다. 대부분의 사회적 자본에 대한 논의는 그것이 무조건적으로 좋으므로 최대화해야 한다고 하지만, 반드시 그렇지는 않다는 것이다. 사회적 자본은 가질 몫을 키우는 포지티브-섬이 되기도 하지만 주어진 몫을 나누는 제로-섬이 되기도 한다. 또한 사회적 자본은 부정적인 측면을 갖는다. 콜만은 사회적으로 효과적인 규범이 모두에게 이로울 수 있는 일탈적 행동인 혁신성도 움츠러들게 할 것이라고 했고, 퍼트남은 결속형의 강한 사회적 자본이 가족주의, 권위주의, 후견주의와 같은 반드시 바람직하지 않을 수 있는 자원이 될 수 있음을 확인한 바 있다. 따라서 우리는 여러 유형의 사회적 자본이 있음을, 그것은 최대화해야 하는 자원이 아니라 최적화해야 하는 자원임을 알아야 한다.

제3장 평생교육 과제로서의 사회적 자본

'왜' 사회적 자본인가?

> 지금 세계는 내가 예전에 '역사의 경계'라고 불렀던 바로 그 전환기를 건너고 있다. 이 전환의 시기에 사회는 그 스스로를 수십 년 동안에 걸쳐 재정비한다. 세계를 보는 관점, 기본적 가치관, 사회적·정치적 구조, 예술을 보는 관점 그리고 주요한 사회 기관들을 재조직하는 것이다(Drucker, 2001: 27)

드러커(Drucker)에 따르면, 우리는 자본주의 시대와 주권 국가의 사회적, 경제적, 그리고 정치적 역사를 재검토하고 수정해야 하는 새로운 자본주의 이후의 사회 속으로 충분히 들어와 있다. 이미 근본적인 전환이 시작되었다. 새로운 사회가 비(非) 사회주의 사회이고 또한 자본주의 이후의 사회라는 것은 확실하다. 그리고 그 사회에서 제일 중요한 자원은 지식이라는 사실 역시 확실하다(Drucker, 2001: 31-32). 드러커의 주장은 새로운 밀레니엄의 '강'을 건너고 있는 우리들의 생각을 축약적으로 잘 표현해 주고 있다. 세계가 지난 약 150여 년 동안의 자본주의 사회를 뒤로 하고 21세기 지식사회로 나아가고 있다는 것이다. 따라서 평생교육의 가장 중요한 사명이자 과제는 지식사회에서 지식 근로자로서 성공을 거둘 수 있는, 이를 통해 조직이 지속적인 번영과 발전을 누릴 수 있는 실천 방법들을 제시해 주는 것이다.

　그렇다면, 위의 가정과 정반대되는 결과는 '실패'일 것이다. 누구나 실패를 두려워하고 성공 콤플렉스를 갖는다. 세넷(Sennett)에 따르면, 현대인들은 실패를 터부시한다. 잘 팔리는 책도 온통 성공하는 방법에 관한 처방들로 가득하고, 실패에 대처하는 방법에 대해서는 대개가 침묵하고 있다(Sennett, 2001: 171). 실패는 '성공의 어머니'가 될 때에만 의미가 있다. 그러나 가족, 계급, 학교 졸업장, 직업, 은행잔고와 같은 과거의 보호 장치들이 힘을 잃고 있으며, 점점 더 개인화되는 사회에서 전통적인 사회적 약자나 가난한 사람들뿐만 아니라 중산층까지도 실패의 위험에 직면해 있다. 현대인들은 성공의 신화와 실패의 두려움에 내몰리고 있는 것이다. 그들은 이와 같은 당위론적 현실을 극복하기 위해 끊임없이 평생교육을 갈구한다.

　이제 평생교육은 그 중요성으로 인해 도덕적 의무이자 사회적 강제가 되고 있다. 문자적 계몽성에 깊이 물들어 있는 평생교육 논의에서는, 알아야 하며 그것이 생존하는 관건이라는 절체절명의 필요성을 강조한다. 그것은 도저히 계속해서 배우지 않으면 안 되도록 우리를 내몰고 있다. 따라서 각 나라들은 평생교육을 그들의 교육논의의 중심에 두고 있고, 더 나아가 평생교육을 통한 경제적 번영과 사회적 정의 그리고 국가적 존속을 위한 야심찬 정책들을 개발하고 있다. 평생교육은 세계적인 흐름이자 불가피한 시대적 요청이 되고 있다. 그렇다면, 평생교육은 성공을, 지속적인 번영과 발전을 보장할 수 있을까? 성공에 실패한다면, 지속적인 번영과 발전에 실패한다면 그것은 평생교육의 책임인가?

　이와 관련하여, 긍정적 낙관론과 함께 인류의 전망이 밝지만은 않다는 많은 주장들이 제기되고 있다. 인류 전체로 보자면, 오늘날의 세계는 근본적인 문제가 있다는 것은 의심의 여지가 없다. 전 인류에게 최소한의 생계마저 보장할 수 없고, 서로 간에 평화를 유지하는 것도 불가능하며, 자연과 조화를 이루며 생활할 수도 없는 상황이다. 역사상 인간이 가장 우수한 지식과 능력을 갖추게 됨과 동시에 이처럼 많은 문제들에 직면하게 된 것은 심각한 아이러니가 아닐 수 없다. 이들 문제는 평생교육 패러다임의 전환이 필요함을 일깨우고 있다. 평생교육 담론은 '무엇을 하고 있는가' 뿐만 아니라 '무엇으로부터 시작할 것인가'와 레닌 (Lenin)의 책제목처럼 '무엇을 할 수 있을까'(What is to be done?)에 대한 근본적인 고민을 해야 하는 것이다.

발전 패러다임의 전환

우리는 내심 인류가 전례 없이 '발전'한 사회에 살고 있다고 자랑스러워한다. 경제적으로, GNP와 개인 소득은 놀라운 성장률을 보이고 있다. 정치적으로, 냉전의 종식과 함께 자유민주주의라는 정치제도는 세계를 통일하고 있고, 인간의 권리 및 자유와 평등이라는 개념이 이제 널리 쓰이는 수사의 하나가 되었다. 전례 없는 과학적 발달, 뛰어난 기술, 그리고 대량 생산품의 범람 등을 특징으로 하는 물질문명이 급속히 발달함으로 인하여, 생활수준이 보다 높아지고, 많은 질병을 극복하게 되었고, 또한 그 어느 때보다 세계의 여러 지역들이 가깝게 연결되어 더 이상 국가 간의 경계가 존재하지 않는 시대르 접어들고 있다. 이 모든 것들을 뒷받침하기 위한 교육체제가 광범위하고 급속하게 확대되었고, 교육의 양적·질적 지표가 올라갔다. 이 시대를 사는 대부분의 사람들은 이런 것들을 발전이라고 생각한다. 일반적으로 발전이 '보다 좋은 상태로 되거나 혹은 보다 높거나 복잡한 단계로 나아감'을 뜻한다면, 사람들은 그런 것들의 가치를 더 좋게 그리고 더 높게 평가하고 있는 것이다.

'발전'과 '변화'는 평생교육의 필요성을 설명하는 데 있어서 빠지지 않는 것들이다. 다음의 주장처럼 세상의 모든 것은 변화하고 그런 변화는 발전을 의미하는 것이며, 따라서 변화에 적절히 대처하는 것이 바람직하다는 것이다.

> 사실 변화하는 경제환경 속에서 사람들이 살아남기 위해서는 두 가지 선택 이외에는 별다른 현실적인 대안이 없는 상태이다. 그것은 첫째로 낮은 지식수준의 직업을 통해 낮은 임금에 만족하거나, 반대로 높은 지식으로 창출되는 높은 임금을 획득하는 두 가지 선택 중의 그 어느 하나이다. 미래의 유망한 직업들은 한결같이 한 차원 높은 교육과 학습을 기본으로 한다(한준상, 2000: 152).

이러한 주장은 개화 이래로 지속되어 온 사회진화론의 현대적 버전의 성격이 짙다. 생존경쟁, 경쟁력, 변화 등은 평생교육과 관련하여 지배적인 위치를 차지하고 있는 담론들이다.

그러나 삶의 조건과 질을 결정하는데 있어서 위와 같은 '협소한' 발전의 제한적이고 조건부적인 성격을 이해하는 것이 중요하다. 우리는 상당히 발전하고 있음에도 불구하고 자신들이 하고 있는 일의 의미와 결과를 충분히 이해하지 못하는 경우가 많다.

유례없이 번영한 이 시대에 가난에 찌든 것과 같은 불평등 문제, 실업의 증가, 그리고 배제된 인구수의 증가는 점점 심각한 사회적·경제적 문제가 되고 있다. 환경과 같이 인류가 공동으로 소유하고 있는 재화인 공공재의 문제도 우리가 당면하고 있는 중대한 도전 가운데 하나이다. 비록 거미줄처럼 복잡하게 얽혀진 문제를 전체적으로 지적하거나 아주 치명적인 난제를 인식하기는 불가능하지만, 평범한 사람들조차도 그 위협이 얼마나 무섭게 자기들 곁으로 다가오고 있는지를 느끼고 있다. '실패'의 그림자는 점점 커지고 있고 더 많은 사람들에게 드리우고 있다. 발전이 환멸을 수반하고 있다고 말할 수도 있을 것이다.

이런 각성의 분위기는 제2차 세계대전이 끝나면서 시작된 '황금시대'에 대한 희망과는 현저한 대조를 보이는 것이다. 로마클럽의 제6차 보고서인 『한계없는 학습』은 인류가 언뜻 보기에는 의연하게 전진해 가고 있는 것처럼 보이지만 당장 현실을 보면 전체적으로 후퇴하고 있으며, 인류의 실존 그 자체의 위협이라고까지 말할 수는 없을지라도 문화적·정신적·윤리적으로 후퇴기에 접어들고 있다고 평한다(Botkin et al , 1997: 13). 보고서는 이런 문제들과 관련하여 인간 성장의 격차를 해결할 수 있는 방법과 인류의 장래를 보장할 수 있는 방법은 다름 아닌 우리들 자신 속에서, 또한 학습에서 찾아야 한다고 한다.

센(Sen)도 우리가 여전히 권리의 박탈과 궁핍 그리고 억압의 세상에서 살고 있다고 한다. 그리고 이러한 문제들을 극복하는 것이 발전의 핵심이 되어야 한다고 한다. 즉, 그는 발전에 대한 협소하고 한정된 개념을 넘어서 경제적, 사회적, 정치적 고려사

항들을 통합하여 종합적이고 포괄적인 발전 틀의 측면에서 검토할 것을 주장한다. 그는 문제들을 극복하는 데는 참여적 결단이 필요하고, 또한 참여는 지식과 기본적인 교육적 기능을 필요로 한다고 주장한다.

생산중심 모델의 필연적인 산물인 '세계적 문제군'은 우리로 하여금, 발전의 개념에 더 넓은 의미를 부여하여 경제학적 의미를 뛰어넘어 윤리적·문화적·생태학적 차원을 포함하도록 이끌고 있다. UNESCO도 학습을 문제해결을 위한 하나의 새로운 접근법으로 간주한다. 학습은 발전을 위한 많은 수단들 중의 하나일 뿐 아니라 발전의 핵심요소이자 발전의 중요한 목표들 중의 하나인 것이다. 그들에 따르면, 평생교육이 여전히 매우 중요한 이념이라는 사실은 분명하지만, 그 이념은 이제 노동에 대한 단순한 적응에서 더 나아가 개인의 조화롭고 지속적인 발전을 위한 전제조건으로서 일생을 통해 추구해야 할 보다 폭넓은 학습개념의 일부가 되어야 한다(Delors et al., 1997: 98-103).

지식 패러다임의 전환

'지식이 노동보다 중요하다'는 구호는 오늘날 평생교육의 필요성을 강조하면서 자주 인용되는 드러커의 주장이다. 제일 중요한 자원은 지식이며, 육체 노동자는 지식 근로자가 되어야 한다. 산업혁명과 생산성혁명, 경영혁명 등은 지식이 사회의 중심이 되어 가는 단계들이다. 이제 지식은 '지식이 지식으로 전환되는 단계'에 이르렀고, 지식의 의미에 대한 근본적인 변화가 나타나고 있다. 전통적인 지식이 일반 지식이었다면, 지식사회에서의 지식은 구체적이고 전문화된 것이다. 일반 지식에서 전문 지식으로의 이동은 지식으로 하여금 새로운 사회를 창조할 수 있도록 힘을 부여해 준다. 이 새로운 사회는 전문화된 지식에 기초하여 건설되어야 하며, 전문가로서의 지식을 가진 사람들로 구성되어야 한다(Drucker, 2001: 64). 지식은 이제 미래 이익을 위한 가장 중요한 원천이다.

지식은 상품이나 브랜드 이미지처럼 거래될 수는 없지만, 대단히 시장성이 높다(Field, 2000: 1). 즉, 지식은 특별한 가치를 갖는 또 다른 상품이다. 지식이나 노하우는 (R&D 직업의 경우) 그것 자체로 가치로운 자원 혹은 전통적인 사업을 활성화시킬 수 있는 부가가치의 원천이다. 따라서 지식기반 사회는 지식의 생산과 분배가 경제적 성장과 경쟁력을 결정하는 중요한 요인이라는 점을 가정한다. 신경제, 지식경제, 그리고 정보화 사회는 평생교육의 필요성을 언급할 때 빠지지 않는 단골 메뉴이다. 비록 지식의 개념과 지식의 의미가 변했지만, 지식에 대한 우리의 태도는 여전히 계몽적인 것이다.

지식은 빛(light)과 같은 것이다. 무게도 없고 만질 수도 없는 지식은 전세계를 손쉽게 여행할 수 있으며, 모든 곳에 사는 사람들의 삶을 밝혀준다. 그러나 여전히 수많은 사람들은 빈곤의 어둠에서 살고 있다. 가난한 나라와 가난한 사람들이 부자 나라와 부자 사람들과 다른 점은 그들이 자본을 덜 지녔기 때문만이 아니라 지식을 더 많이 지니지 못하였기 때문이다(World Bank, 1998/1999: 1).

　지식은행을 선언한 세계은행이 말하는 지식은 기술공학적이고 경제적 가치에 입각한 개념이다. 과학기술이 발달한 일부 국가는 세계적으로 유통되는 지식을 점유하고 있다. 일부 국가는 지식의 생산과 유통을 주도하고 있으며, 다른 국가는 그러한 유통 구조에서 단순한 소비자의 위치를 극복하기 어렵다. 다시 말해 지식의 흐름이 쌍방적이기보다는 일방적일 가능성이 농후한 셈이다. 결국 이러한 계몽적 태도는 서구 중심의 지식을 보편적인 성격의 지식으로 간주하고, 제3세계 등과 같은 개발도상국가의 지식은 저급한 수준의 것으로 간주한다. 따라서 대안적 논의와 사고는 종속적 지위를 극복하기 어려워진다. 이렇게 볼 때 일부 선진 자본주의 국가를 제외한 나머지 나라는 계속해서 이들 선진 국가들에서 생산되고 유통되는 지식을 익혀야 하는 '타율적' 학습 국가의 상태를 벗어나기 어렵다.

　그런데, 지식이 개인과 사회에 대해 미치는 영향은 양면적인 것이다. 지식을 통해 세계가 처한 심각한 위험성을 정확하게 평가하고 대처하기란 아직 불가능하다. 앞으로 닥칠 문제를 예지하고 위험을 피하며 그 난제에 대해서 책임을 짐과 동시에 현재를 감지하고 이해하며 적절하게 대처할 능력과 의지는 지식을 통해 얻어질 수 없는 것이다. 사실, 독일의 사회학자인 벡(Beck)은 현대 사회의 위기가 인간의 무지에 기인하는 것이 아니라 지식의 승리감에 기인한다고 본다. 그는 이러한 위기를 초래한 가장 주된 원인으로 개발과 성장을 중시하는 '단순근대화'(simple modernization)를 들고 있다. 그는 산업사회에 대비하여 오늘날 우리가 살고 있는 사회를 '위험사회'(risk society)로 정의한다.

협소한 발전관에 터한 지식에 대한 견해는 교육 및 학습에도 그대로 적용된다. 교육 및 학습은 지식문명의 발전과정에 따라 지속적으로 진보하는 더욱 많은 양의 지식과 노하우를 효과적으로 그리고 대규모적으로 전달한다는 사명을 가지고 있다.

우리는 도구적 지식에 너무나 익숙하고 열중한다. 그러나 '무언가를 알고 있는 것'을 의미하는 지식은 본래 훨씬 광범위한 의미를 가질 것이다. 프로이드(Freud)는 사람이 잘할 수 있어야 하는 것들로 '사랑하는 것'과 '일하는 것'을 꼽는다(Erikson, 1950: 229를 Reich, 2001: 305에서 재인용). 그렇다면, 지식도 일뿐만 아니라 사랑을 목적으로 해야 하지 않을까? 돈을 벌기 위한 지식뿐만 아니라 이를 제외한 삶의 나머지 부분을 위한 지식, 생계를 꾸려나가기 위한 지식뿐만 아니라 삶을 꾸려가기 위한 지식의 중요성이 강조되어야 하지 않을까? 물론 현대 사회에서 그 두 가지를 병행하는 것은 점점 어려워지고 있음은 두말할 필요도 없다.

학습 패러다임의 전환

인간은 평생 동안 학습한다. 걸음마와 말을 배우고 주위를 인식하면서부터, 새로운 지식과 기술을 배우고 새로운 일들을 경험한다. 인간은 배우는 동물이다. 샤프(Schaff, 2002: 200)는 이런 학습인간을 '공부하는 인간'(Homo Studiosus)이라 부르고, 한준상(2001a: 58)은 '호모 에루디티오'(Homo Eruditio)라고 부른다. 호모 에루디티오는 자기본성에 내재되어 있는 학습의 본능을 확인하는 것은 물론, 그것을 사회적으로 환원해내는 일까지를 완성해나가는 사람을 말한다. 자기 스스로 배우고, 사회변화에 적극적으로 참여하며, 자기 삶의 질을 향상하는 노력이 학습인간의 삶 속에서 하나로 통합될 때, 비로소 호모 에루디티오로서의 의미가 확실해지는 것이다. 인간에게 있어서 배우는 일은 인간과 보통의 생물 사이에서 보여주는 생존방식을 크게 구별시켜 주는 기준이기도 하다. 인간의 학습능력은 인간의 존엄성을 지켜주는 인간 특유의 본성에 속한다. 인간의 삶이 다종다양한 이유는 그에게 학습능력이 존재하기 때문이다(한숭희, 2001a: 114).

우리는 '인생대학'(University of Life)을 통해 새로운 사실, 기술, 사고방식, 그리고 감정적 능력 등을 배우는 평생학습자인 것이다(Field, 2000: vii). 그러나 평생교육에서 말하는 학습이란 일반적으로 지식과 정보의 획득으로 이해된다. 세계은행은 학습을 경제성장에서 결정적인 정보와 지식의 획득으로 정의한다. 학습은 경제정책과 사회적 및 정치적 맥락 사이의 상호작용에 반응함으로써 개인, 일, 조직, 그리고 제도의 발전과 변화를 촉진하는 기제이다. 과학적이고 기술공학적인 발견들이 급격히 증가하고 상품과 서비스의 생산에서 더욱더 중요하게 됨에 따라, 지식과 정보의 획득은 점차 경제성장에 그 중요성을 더하고 있기 때문이다. 정보가 지수적으로 증가하고 생산과정에 더욱 복잡하게 결합됨에 따라, 새로운 지식을 획득하고, 채택하고, 그리고 적용하는 것은 경제성장에 중요한 결정요소가 되고 있는 것이다(World Bank, 1997: 2-3). 학습은 지식기반경제의 가장 중요한 자원인 지식을 생산하는 일종의 생산 활동으로 간주되고 있다.

이러한 학습 논의는 대단히 제한적이고 불균형한 것이라고 할 수 있다.

지식과 정보의 획득만으로 – 전통적으로 요구받았던 바의 물량적이고 지식중심적인 교육의 틀만으로, 우리가 성인으로서 수행해야 하는 다양하고도 주요한 삶의 역할들을 제대로 수행하고, 세계가 처한 문제들을 해결할 수 있을까? 물론, 정책적으로 직업과 관련되고 인증과 자격을 위한 학습과 함께 시민성을 위한 혹은 학습 자체를 위한 학습에 대한 논의가 없는 것은 아니지만, 대부분 '립 서비스'인 경우가 많다(Amstrong, 2000: 4). 우리는 다양하고도 주요한 삶의 역할들을 배우고 학습해야 한다. 즉, 생계를 꾸리고, 이해심 있고 협력적인 가족의 구성원·배우자·부모가 되고, 적극적이고 책임감 있고 환경을 생각하는 지역 공동체의 구성원이 되고, 적극적이고 민주적인 시민이 되고, 그리고 평생학습자가 되어야 한다. 한 가지 역할에 대한 지나친 강조와 그에 따른 불균형의 문제는 다른 중요한 역할들을 무시하고 외면하게 한다. 모든 역할들은 서로서로 겹치면서도 서로서로를 토대로 한다.

들로어 등(Delors et al., 1997: 108)은 이들 과업이 성공하려면, 교육이 네 가지의 근본적인 학습유형을 중심으로 조직되어야 한다고 한다. 그것들은 한 인간의 삶의 과정을 통해 지식의 대들보를 이룬다. 첫째는 알기 위한 학습(learning to know)으로서, 광범위한 일반지식을 통해서 이해의 도구를 획득한다. 둘째는 행동하기 위한 학습(learning to do)으로서, 직업기술을 습득할 뿐 아니라 보다 넓게는 여러 상황에 대처하고 팀을 이루어 일할 수 있는 능력을 얻는데 쓰인다. 셋째는 함께 살기 위한 학습(learning to live together)으로서, 타인을 이해하고 상호의존성을 인정하면서 이루어진다. 이는 다원주의·상호이해·평화의 가치를 존중하는 정신으로 타인들과 함께 공동과업을 수행하고 갈등을 관리하는 법을 배우면서 얻어진다. 넷째는 앞의 세 가지를 바탕으로 하는 궁극적인 목표인 존재하기 위한 학습(learning to be)으로서, 각 개인으로 하여금 '자신의 문제를 풀고, 스스로 결정하며, 자신의 책임을 모두 질' 수 있도록 하는 것이다.

물론 이 네 가지 학습의 행로는 서로 간에 빈번한 접촉·교차·교환이 이루어지기 때문에 결국 전체로서의 하나를 이루게 된다. 그런데 지금까지는 알기 위한 학습과 행동하기 위한 약간의 학습만을 대체적으로 강조해왔다. 나머지 두 가지는 대개 우연에 맡겨지거나 앞의 두 가지 학습의 자연적인 부산물로 간주되었다. 들로어 등은 네 가지 학습 모두가 똑같은 비중을 가져야만 한다는 신념을 견지한다. 특히, 이들은 인류의 발전과 진보 속에 기대했던 희망을 배반하는 폭력이 너무나 자주 난무하는 세계에서 함께 살기 위한 학습, 타인과 같이 살기 위한 학습을 오늘날의 교육에서 가장 중요한 문제 중의 하나라고 한다.

이제, 학습은 개인적이고 심리학적인 접근을 넘어서 새로운 사회적 이론으로 이해되어야 한다. 지금까지의 연구는 학습의 조건을 구성하는 환경을 고정변인으로 규정함으로써 개인학습이 적극적인 측면에서 환경을 변화시켜나갈 수 있는 측면, 즉 학습자와 환경의 변증법적 관계를 고려하지 못하였다. 개인학습은 그가 속한 조직공동체라는 학습 환경과의 끊임없는 상호작용과 맥락적 특성 안에서 이루어지는 것이다(한숭희, 2001a: 116). 사회적 이론으로서의 학습과 관련하여 두 가지의 새로운 논의를 제시할 수 있다.

로마클럽 보고서인 『한계없는 학습』에 따르면, 종래와 같은 현상유지나 현상 적응형의 학습(maintenance learning)이 미래지향의 혁신형 학습(innovative learning)으로 변환될 때, 인류가 처한 심각한 문제들을 해결할 수 있다는 것이다. 전통적으로 학습은 지식과 기술의 습득, 전통문화의 계승, 사회적 규칙의 습득 등으로 인식되고 있다. 그러나 급변하는 현대사회에서의 학습은 위기를 통찰하고 사회변화에 유연하게 대처하며 새로운 문제를 정확하게 해결할 수 있는 능력을 기르는데 두어야 한다. 혁신형 학습의 중요한 특징으로는 선견(anticipation)과 참여(participation)를 들 수 있다.

학습자와 조직공동체 등의 학습 환경의 변증법적인 관계에 대한 논의는 '사회적 학습'(societal learning)이란 비교적 새로운 개념으로 발전하고 있다(Botkin et a., 1997: 31). 개인이 행하는 학습과정에 관해서는 이제까지 많은 연구가 이루어졌지만 조직, 집단, 그리고 사회가 행하는 학습에 관해서는 거의 연구되어 있지 않다. 1세기 전에는 성장이라든가 발달의 개념이 단지 개인에게 적용되는 것이었다. 오늘날에는 사회에 관해서도 성장과 발달이라고 하는 것이 관용적으로 사용되기 시작하였고, 따라서 사회가 학습한다는 것은 가능하고 필요한 일이 되었다.

평생교육 패러다임의 전환

평생교육은 21세기의 미래 교육을 주도하고 실천하는 핵심적인 지도 원리가 되고 있다. 한준상에 따르면, 개인적인 모든 생애에 걸쳐 '통생애'(lifelong)적으로 학습의 업그레이드가 필요하고, 가정생활로부터 직장생활에 이르기까지 일상적인 관심 속에서 삶의 지혜를 받아들이는 '공생애'(lifewide)적인 학습이 필요하며, 읽고 쓰고 셈하는 단순한 기초학습으로부터 인간의 존재방식에 이르기까지 보다 복잡한 방식으로 자기 삶의 의미를 찾아내며 또 그것으로부터 새로운 삶을 이끌어내는 '범생애'(lifedeep)적인 삶의 쓰임새를 높이는 지속적인 학습의 업그레이드가 필요하다(한준상, 2000: 23-24).

그러나 평생교육에 대한 논의는 그렇게 간단한 것이 아니다. 커카(Kerka, 2000: 1)에 따르면, 평생교육은 교육의 목적과 관련한 대단히 상반되는 관점을 토대로 하는 경쟁적 신화들로 둘러싸여 있다. 평생교육에 대한 논의는 순전히 도구주의적인 것으로부터 넓은 뜻으로의 인본주의에 이르기까지 다양하다. 평생교육은 시각에 따라서, 인적 자본이 성공과 실패를 판가름하는 경쟁적 세계에서의 생존을 위한 수단이 되기도 하고, 모든 사람들이 그들의 정체성과 라이프스타일을 형성할 수 있도록 학습해야 한다는 사회적 열망이 되기도 한다.

1960년대 후반의 급진적이고 지적인 소용돌이 속에서 탄생한 평생교육 개념은 1970년대를 거치면서 정책적 논의의 세계에서 자리를 잡게 된다. 이 시기의 평생교육 논의는 UNESCO와 OECD

라는 두 국제기구를 중심으로 한다. UNESCO 논의의 전환점이
된 *Learning to Be*(Faure, 1972)는 인본주의적이고 낙관적인 관
점에서, 교육이 모든 사람들의 일생에 걸쳐 지속되어야 하며 소수
의 특권자나 전문인을 위한 것으로 제한되어서는 안 된다고 주장
한다. 반면, OECD는 순환교육이나 유급교육휴가와 같은 사회민
주주의적 색채가 가미된 주장을 펼친다. 1990년대 들어 이들 국
제기구들은 평생교육 논의를 재편한다. UNESCO는 이전과는 달
리 사회정의와 인간적 잘삶이 실현된 학습사회와 산업국가를 관
련시킨다. OECD는 다시 한번 세계경쟁의 압력과 새로운 과학기
술에 따른 변화와 관련하여 평생교육을 정당화한다.

그러나 이 시기 평생교육의 가장 두드러진 특징은 그것이 국
가적 차원에서 정책적 핵심이자 수단이 되기 시작했다는 것이다
(Field, 2000: 35). 평생교육은 국가발전을 위한 종합자본으로서
지식과 국가발전의 관계를 매개하는 것으로 여겨지고 있다(한준
상, 2001a: 21). 이것이 새로운 교육적 현실인 것이다. 즉, 평생
교육 논의를 좀더 들여다보면, 더욱 생산적이고 유능한 인력을
개발하는 것이 우선시됨을 알 수 있다. 영국의 교육고용부(DfEE)
에 따르면,

> 정보통신시대의 **빠른** 변화와 도전에 대처하기 위해, 우리는 국민들로
> 하여금 일생동안 학습할 수 있도록 보장해야만 한다. 우리는 소수의
> 엘리트에만 의존할 수 없다. 우리의 모든 국민들이 창조성, 기업가
> 정신, 그리고 학식을 갖추어야 한다. 학습은 우리의 경제적 미래를
> 위해서 뿐만 아니라 훨씬 다양한 공헌을 한다(DfEE, 1998: 7을
> Field, 2000: viii에서 재인용).

　각 나라들은 그들의 새로운 환경인 지식경제, 정보혁명, 그리고 광범위한 세계화에 따른 위협과 기회에 대한 해법으로서 평생교육을 기대한다. 지식의 경제적이고 사회적인 중요성이 더욱 커지는 후기산업사회는 지식사회이자 정보사회이자 학습사회인 것이다. 새로운 정보통신기술의 발전은 교육과 훈련에 직접적으로 영향력을 발휘하고 있다. 경제뿐만 아니라 사회경제적 측면에서의 세계화와 관련하여 평생교육은 세계 경쟁자들과 맞설 수 있는 무기이면서 세계화를 포용할 수 있는 수단이 된다. 이와 같은 관심을 반영하여, 1999년 독일의 쾰른에서 개최된 G8 정상회담에서는 처음으로 교육을 주제로 '평생학습의 목적과 희망'(Köln Charter - aims and ambitions for Lifelong Learning)을 헌장으로 채택하였다.

　　모든 나라는, 학습사회를 구현하고 그 시민들로 하여금 다음 세기를 살아가는데 필요한 지식, 기술, 그리고 자격을 습득하도록 해야 한다는 도전에 직면하고 있다. 경제와 사회는 점점 더 지식기반으로 나아가고 있다. 교육과 기술은 경제적 성공, 시민적 책임, 그리고 사회적 결속을 실현하는데 필수불가결한 요건이다. … 오늘날에는 패스포트와 승차권이 있어야 세계를 여행할 수 있다. 미래에는 이동을 위한 패스포트가 교육과 평생학습이 될 것이다. 이 이동을 위한 패스포트는 모든 사람에게 제공되어야 한다(Köln Charter, 1999: 1).

　「쾰른헌장」에 따르면, 지식·기술·자격의 습득, 지식에의 접근, 그리고 인간에 대한 투자로서의 평생교육은 가장 절박한 과제이며 최대의 이익을 거둘 수 있는 투자이다. 더 나아가 고용과 경제성장의 관건이며 사회적·지역적 불평등을 해소할 수 있는 열쇠이다. 최근의 평생교육 개념은 대단히 전략적이고 기능적으로 엄격한 것으로서, 서서히 제도적 표상을 획득하면서 존재적 실체로 부각되고 있다. 문제는 이념과 표상 사이의 괴리가 대단히 심각하다는 것이고, 좀더 정확히 말하면 평생교육 이념의 갈등하는 이념들 중에서 특정 이념만이 현실적 조건에서 선택되고 생존하는 이른바 사회적 다위니즘(social Darwinism)이 두드러지게 나타나고 있다는 것이다(한숭희, 2001a: 63-64).

그러나 위와 같은 평생교육론은 과장되어 있으며(Field, 2000: 38), 실증된 것이라기보다는 단지 기대를 반영하는 경우가 많다. 그것은 지나친 낙관론이며, 직업주의로 꾸며진 보수주의라는 비판을 받을 수 있다. '개인들로 하여금 자신들의 잘삶을 적극적으로 책임지는데 필요한 기술과 지식을 습득하게 해야 한다'는 기본전제의 평생교육론은 학습의 책임을 개인에게 돌림으로써 '구조적 차별'을 정당화하고, 기존의 계급과 불평등을 재생산하기 쉽다.

평생교육은 훨씬 다차원적이고 가소성이 있는 개념이다. 평생교육이 여전히 매우 중요한 이념이라는 사실은 분명하지만, 그 이념은 이제 노동에 대한 단순한 적응에서 더 나아가 개인의 조화롭고 지속적인 발전을 위한 전제조건으로서 일생을 통해 추구해야 할 보다 폭넓은 교육개념의 일부가 되어야 한다(Delors et al., 1997: 103). 이와 관련하여 커카는 평생학습이 '돈'을 위한 것인지 '인생'을 위한 것인지(Lifelong Learning: Your 'Money' or Your 'Life')를 묻는다. 인간의 전례 없이 가장 우수한 지식과 능력만으로는, 전통적으로 요구받았던 바의 물량적이고 지식중심적인 교육의 틀만으로는 우리가 성인으로서 수행해야 하는 다양하고도 주요한 삶의 역할들을 제대로 수행하고, 세계가 처한 문제들을 해결할 수는 없는 것이다. 우리가 처한 문제들은 훨씬 복잡하고, 따라서 일방적인 해결책을 거부한다. 그 한 예가 폭력이다.

> 2001년은 폭력의 순환 고리가 세계로 퍼져 간 해로 우리 기억에 남을 것이다. 2천 년간 평화의 이미지였던 바미얀 석불을 탈레반이 폭격했다. 폭력은 9월 11일 세계무역센터를 폭파한 테러리스트들, 10월 1일 자무와 카시르 지방의회와 12월 13일 인도 의회 폭파를 시도했던 테러리스트들, 20년 동안의 초강국간 경쟁과 내전에서 살아남은 것을 마저 폭격해 버리려는 국제적 동맹, 그리고 2002년의 시작과 함께 전쟁으로 치닫는 파키스탄과 인도로 이어진다. … 폭력이 왜 이렇게 급속히, 그리고 완전히 우리를 삼켜 버리는가? 왜 폭력이 문화권을 막론하고 인간이라는 종의 지배적인 특징이 되었는가? 새 천년의 인간 사회를 특징짓는 폭력은 사회를 시장으로, 인간을 소비자로 격하시키는 폭력적인 구조나 제도와 연관이 있는 것은 아닐까?(Shiva, 2002: 144).

이런 문제들에 대해 기존의 평생교육 논의와 정책들은 어떤 해답을 내놓고 있는가? 평생교육은 이제 '사람들이 실제 사는 삶'에, 인류가 직면하고 있는 다양한 도전과 위기에, 좀더 관심을 기울여야 한다. 특히, 기존의 '알기 위한 학습'과 '행동하기 위한 학습'에 덧붙여 '함께 살기 위한 학습'과 '존재하기 위한 학습'을 새롭게 강조한 들로어 등에 따르면, 이 세계의 모든 사람들에 의해 감지되는 미래에의 불확실성 - 즉, 어느 누구도 폭력으로부터 안

전하지 못하다는 사실 - 을 배경으로 보건대, 이 시대에 대한 일
반적 인상 역시 명확한 것은 아니다. 왜냐하면 비록 연대의식이
지금처럼 강조된 적이 없음에도 불구하고 분열과 갈등이 발생할
여지 또한 매우 많기 때문이다 (Delors et al., 1997: 54).

그러나 우리의 현실은 어떠한가? 앞서 살펴본 「쾰른헌장」은
교육과 평생교육을 미래 사회의 패스포트라고 한다. 그러나 무엇
이 패스포트일까? 혹 포스트포디즘적 시각에서 한 장의 졸업장
과 증명서, 표준화된 기술, 단위화된 학습, 그리고 선행학습 평
가 등이 그런 패스포트는 아닌가? 그런 것들이 평생교육의 의미
를 경직시키고 훼손하고 있지는 않은가? 평생교육과 학습사회에
대한 논의의 대부분이 공식적인 제공, 자격, 그리고 책무성에 초
점을 맞추고 있지는 않은가? 학습이 직장과 시장에서 인정받기
위해서는 진정한 학습의 내용보다는 표준화된 자격과 직업기준
이 중요시된다. 학습 프로그램이나 패키지는 구매되는 상품이 된
다. 보들리아드(Baudrillard, 1988: 22를 Jarvis, 2001: 192에서
재인용)가 지적했듯이, 상품은 상징을 필요로 한다. 그에 따르면,
소비의 대상이 되기 위해서는 '간판'(sign)이 필요한 것이다. 따
라서 선전되는 상징은 Ph D, MBA, 무슨 무슨 과정 이수 등과
같은 자격이다. 학습의 표준화 문제는 기술지상주의와도 깊은 관
련이 있다. 우리가 갖는 유토피아적 미래론 가운데 하나는, 학습
자에게 국가적 학습망과 인터넷에의 접근을 제공하면 모든 교육
적 문제를 해결할 수 있을 것이라는 믿음이다.

이제 학습의 제 영역에서 핵심적 위치를 차지하는 것은 '책임
있는' 개인, 즉 소비자이다. 그들이 자기 자신의 문제에 집중하는

경향은 너무나도 심하고, 상업적으로도 많은 기회가 제공된다. 그들은 학습을 자기개발이나 자아실현의 확대된 형태로 인식한다. 그들은 일상적 모임이나 구조화된 집단행동이라는 면대면 관계보다는 '가상적 공동체' 멤버십 등을 통해 스스로 선택하고 판단한다. 그들에게 자기주도적이고 탈물질적인 학습도 적극적 라이프스타일의 한 형태이다. 계몽, 사회적 개선, 그리고 사회운동에 대한 지원의 성격이 강했던 과거의 성인교육의 관점에서 보자면, 이런 개인주의는 사회적 목적에 대한 포기로 비칠 수도 있다. 물론, 개인주의를 에고티즘이나 원자화와 구별해야 한다고 주장할 수도 있다. 개인주의화란 성찰적으로 자신의 관계와 활동을 계획하고, 선택하고, 그리고 실천하는 능력이 현대의 예기치 않은 위험을 헤쳐나갈 수 있게 하는, 대단히 사회적 과정이라고 할 수 있다(Field, 2000: 60). 그러나 개인들은 시장이나 국가의 요구에 상대적으로 무력하다. 또한 개인의 자율성과 학습욕구에 기초한 평생교육론은 민주적 공동체 개념을 약화시킬 가능성이 짙다.

앞서 살펴본 평생교육에 대한 지나친 표준화와 개인화는 사회적 배제와 분열의 문제를 심화시키고, 새로운 배제와 분열을 낳는다. 학습경제와 인적 자본론을 바탕으로 하는 평생교육은 적극적으로 불평등을 재생산하고 불평등의 새로운 원인이 되고 있다. 영국의 의회 위원회와 교육고용부에 따르면 지난 20여 년간의 전반적이고 실제적인 참여 증가가 있었지만, 교육적인 '가진 자'와 '못 가진 자' 사이의, 학습과 능력에서 앞서가는 '기술이 풍부한 자'와 사회적으로 뒤쳐지는 '기술이 형편없는 자' 사이의 격차는 더욱 커지고 있다(Field, 2000: 102). 이것은 또한 개인적인 문제일 뿐만 아니라 한 사회의 하위 집단, 지역, 그리고 국가간에 나타나는 문제이기도 하다. 학습자의 배경특성에 대한 연구에 따르면, 평생교육에의 참여는 교육수준, 직업, 수입, 성별 및 나이 등과 매우 밀접하다. 실업의 증가와 배제된 인구수의 증가, 그리고 전세계를 통한 발전의 계속적인 불평등은 이제 무시할 수 없는 문제가 되고 있고, 평생교육은 그런 특성들을 더욱 강화하는 것으로 밝혀지고 있다. 최근의 평생교육 정책과 논의에서는 '억눌린 사람들'(the oppressed)과 '무기력한 사람들'(the depressed)을 위한 교육과 학습이 주변화 되고 있음을 볼 수 있다. 학습을 통해 자신의 고용가능성(employability)과 적응성(flexibility)을 높일 수 있는 사람은 바람직하고 성공적인 인간으로 간주되고 그렇지 못한 사람은 빈곤과 사회적 배제를 벗어나기 힘들다. 그러나 그것이 장기적으로 그리고 사회 전체적으로 결코 이익이 될 수 없음은 자명하다.

그러나 무엇보다 문제가 되는 것은 개인적 차원에서 경제적 효율성을 중시하는 평생교육이 기초하는 경제 및 노동시장에 대한 가정이 적절한가 하는 것이다. 그것은 구조적 실패와 불공평 그리고 엄청난 빈곤 피해자들의 문제를 무시한다. 한국의 경우, 교육이 인적자원 개발을 통하여 경제발전을 가져왔다는 주장에 대한 판단은 부정적이고 유보적이다(김영봉·맥긴, 1985: 246-247). 또한 노동시장에 대한 낙관론은 매우 위험하다. 많은 연구자들은 학습자들이 고용가능성을 위하여 평생교육에 참여한다고 말한다. 그러면서도 노동시장의 변화에 대해서는 침묵한다. 노동시장의 유연화와 경제적 구조조정은 평생교육론자들이 예상하는 것처럼 새로운 직업을 그렇게 많이 그리고 자주 만들어낼 것처럼 보이지 않는다. 인적 자본의 판로라고 할 노동시장의 전망은 그리 밝지만은 않다. 유연성과 고용가능성에 대한 새로운 논의들은 교육, 훈련, 그리고 취직을 개인의 책임으로 정당화하지만, 인적 자본을 필요로 하는 일자리는 부족하고 교육과 훈련을 필요로 하지 않는 낮은 급료의 불안정한 일자리는 증가하는 구조적인 문제가 나타나고 있다. 임시직과 비정규직이 업무를 주도하고, '일자리'는 '프로젝트'와 '근무 분야'로 대체되고 있다. 또 대기업들은 지금까지 줄곧 회사 내에서 해오던 기존 업무의 상당 부분을 소기업이나 단기 계약직으로 고용된 개인에게 아웃소싱 형태로 하청을 주고 있다. 최근 미국의 노동력 중 가장 급속히 증가하고 있는 부문은 바로 임시직 인력 회사의 단기 파견 노동자들이다 (Sennett, 2001: 26). 커카도 불완전취업과 직업 불안정성이 증가하고 있음을 지적한다(Kerka, 2000: 2). 인적 자본에의 투자를 통한 기술향상은 자격증의 인플레이션을 초래한다. 노동시장에서는 모든 기술과 자격이 똑같이 취급되지도 않고, 엘리트들이 양산되는 것에 비해 그들의 일자리 확대는 턱없이 부족하기 때문에 그들은 일자리를 두고 경쟁해야 한다.

센에 따르면, 인적 자본 개념의 유용성에도 불구하고 인간을 보다 넓은 관점에서 바라보는 것이 중요하며, 변화의 도구로서의 인간의 역할은 인적 자본 관점이 지적하고 있는 경제적 생산을 훨씬 넘어설 수 있으며, 사회적·정치적인 발전까지 포함한다 (Sen, 2001: 379). 평생교육도 그러한 협소하고 한정된 패러다임에서 벗어나 종합적이고 포괄적인 패러다임으로 전환해야 전환기를 맞고 있다.

평생교육 과제로서의 사회적 자본

평생교육은 어디로 가야 하는가?

최근 들어 사회적 자본이 다양한 학문분야에서, 정부 정책에서, 국제기구의 프로젝트에서 새로운 혹은 재발견되는 관심영역이 되고 있지만, 그 대부분의 논의는 경제적·인적 자본과의 상보적이고 부가적인 차원에서 이루어진 것이라고 할 수 있다. 경제적·인적 자본과의 상보적 관련성도 중요하지만, 사회적 자본은 그 자체로 너무나도 중요한 개념으로서, 또한 21세기 평생교육의 과제로서 새롭게 조명되어야 할 필요성을 갖는다.

일반적으로, '지식, 기술, 그리고 능력을 향상시킬 목적으로 행해지는 모든 유목적적인 학습활동을 망라하는' 것으로 정의되는 평생교육은 몇 가지의 불가결한 요소들을 수반하는 것으로 인식되고 있다(ECOTEC, 2000: 1). 첫째, 학습과정은 일생동안 개인활동의 일부가 되어야 한다. 둘째, 개인은 평생교육에 대한 최종적인 책임을 진다. 셋째, 학습활동은 형식적이고 무형식적인 교육, 이론적이고 실제적인 과정, 그리고 학습과 훈련 등을 모두 포함하는 광의로 이해되어야 한다. 넷째, 평생교육의 목적은 지식, 기술, 그리고 능력을 향상시키는 것이다. 평생교육에 대한 위의 설명들을 보면, '인간 개인'이라는 개념이 명료하다는 전제에서 출발하고 있음을 알 수 있다. 지식, 기술, 그리고 능력은 인간 개인을 기본 단위로 한다.

우리는 철학적 인간학의 도움을 받지 않더라도 이것이 환상이라는 것을 안다. '로빈슨 크루소의 모험'과 같은 꿈은 현실과 접촉하자마자 무너진다. 현대적 인간은 사회 바깥에서는 실존할 수 없는 것이다. 개인은 '공공'으로부터 분리될 수 없다(Sen, 2001: 347). 마르크스에 따르면, 사람들의 의식이 그들의 존재를 규정하는 것이 아니라, 반대로 그들의 사회적 존재가 그들의 의식을 규정한다. 아담 샤프는 인간 개인이란 항상 사회적 개인이라는 주장, 다시 말해서 인간 개인과 사회의 결속은 그가 받아들이는 가치와 행동 규범의 체계가 발생하는 데에서 표현될 뿐만 아니라 그의 자세(그의 생각을 지배하고 있는 상투적인 판단 등등과 연관된, 행위할 태세라는 의미)에서도 표현된다는 주장으로부터 출발해야 한다고 한다. 간단히 말해서, 개인은 역사적 형성물 – 또는 달리 말해서, 사회적 관계들의 산물 – 이다(Schaff, 2002: 164). 샤프는 인간 개인 및 그의 운명에 관해 이야기할 때, 중요한 것은 '사회적 개인'이라고 한다. 개인들은 생물학적 의미뿐만 아니라 역사적·사회적 의미에서도 '공동의 운명'을 지니고 있는 존재들인 것이다. 우리는 종종 우리 자신들이 '공동의 운명'임을 망각한다.

지난 20세기의 역사를 뒤돌아보면 국가의 권위와 개인의 권리 사이에서, 집단과 공동체를 지향하는 사회와 개인주의 사회 사이에서, 다양한 균형이 나타난 것을 알 수 있다. 그러나 지난 수십 년간 균형은 급속히 개인주의 쪽으로 기울고 있다고 할 수 있다. 거의 모든 공동체의 권위가 약화되고 있고, 저급한 개인적 이익이나 욕망에 불과한 것이라도 개인적 자유라는 이름으로 합리화되고 있다. 사회적 자본이 급속히 약화되고 있는 것이다. 그런 가운데 현대인들은 '외로운 섬'과 같은 존재가 되어가고 있다.

　그러나 다른 한편으로, 신자유주의적 질서 속에서 사회적 자본은 적대적 경제 질서에 대한 방어 기제로서 작용하고 있다. 방어 기제로서의 사회적 자본은 자기브호를 위해 사용되며, 보수적인 색채를 띠고 있다. 그것은 종종 유럽에서와 같이 이민자들이나 이방인들에 대한 거부로 표출되고, 새로운 폭력과 갈등의 씨앗이 되기도 한다. 정치적 경쟁의 와중에서 특정한 경제적 이익을 보호하려는 압력단체, 직업단체, 동업자 조직 등을 비롯한 온갖 종류의 이익집단이 꾸준히 확산되고 있지만, 시민의식과 시민덕목을 배울 수 있는 자발적 결사체들은 심각한 수준으로 위축되고 있다.

　사회적 자본이 결핍되고 쇠퇴하는 상황에서 또한 보수적이며 폐쇄적인 사회적 자본에 힘이 실리는 상황에서, 발전적이고, 생산적이고, 더 고귀한 사회적 평등과 결속에 이바지 할 수 있고, 궁극적으로는 공동체와 공동체 구성원의 잘삶을 위한 사회적 자본을 형성하는 것은 21세기 사회의 주요한 과제가 되어야 한다. 사회적 자본을 형성하는 것이 인류의 미래를 위한 주요한 과제이고, 평생교육이란 사회적 과제를 충족시키기 위해 끊임없이 변화하는 개념이라고 본다면, 사회적 자본은 평생교육의 커다란 도전이 된다. 평생교육은 어디로 가고 있는가? 평생교육은 어디로 가야 하는가? 이와 관련하여, 들로어 등은 우리가 자연적으로 속하게 된 공동체─국가 · 지역 · 도시 · 동네 · 이웃─에서 함께 살아갈 수 없다면, '지구촌'에서 함께 살아가는 법을 어떻게 터득할 수 있을 것인가라고 묻는다(Delors et al., 1997: 16). 그러면서 그들은 교육과 학습을 통하여 인간이 '동료에게 늑대'(homo homini lupus)가 되는 대신에 '인간의 친구'(homo homini amicus)가 될 수 있다고 한다(Delors et al., 1997: 263).

평생교육과 사회적 자본

'공동의 운명'을 갖는 공동체와 공동체 구성원들은 공통된 네트워크, 규범, 그리고 신뢰, 즉 사회적 자본을 공유한다. 그러나 사회적 자본이란 일률적으로 정의내리기 어려운 다양한 스펙트럼을 갖는다. 종교집단에서와 같이 대단히 강력한 사회적 자본이 있는가 하면, 포스트 모던적 삶을 사는 각박한 도시인들 사이에서와 같이 너무 미약해서 의식하기조차 어려운 사회적 자본이 있을 수 있다. 불평등을 재생산하고 폐쇄적인 사유재로서의 성격이 강한 사회적 자본이 있는가 하면, 시민적 참여의 수평적 네트워크로 표상되는 공공재로서의 성격이 강한 사회적 자본이 있을 수 있다. 외부인에 대한 의심, 적대, 공공연한 증오 등 부정적인 효과를 갖는 마피아의 사회적 자본이 있는가 하면, 개인과 사회 전체 공익에 도움이 되는 긍정적 효과를 갖는 다양한 봉사단체들의 사회적 자본이 있을 수 있다. 사실, 사회적 자본이란 선과 악의 언어를 공유한다고 할 수 있다.

그렇다면, 가치와 의도를 내포하는 활동으로서의 평생교육이 추구해야 하는 가치로운 사회적 자본은 무엇인가? 사회적 과제로서, 평생교육을 통해 발현해야 하는 사회적 자본이란 무엇인가? 사회적 자본은 부르디외도 지적했듯이 사회적 포용뿐만 아니라 배제에도 이용될 수 있으며 불평등을 강화할 수도 있다. 사실, 대단히 폐쇄적이고 친족과 이웃에 기초한 친밀한 관계에서 나타나는 사회적 자본이란 평생교육의 관심영역이라고 하기 어렵다. 세넷도 부적절하고 나르시스적인 친밀성의 충동이 공적 영역의 타락을 초래하였다고 주장한다. 우리가 지금 관심을 두는 것은 평생교육을 통해 키워져야 할 뿐만 아니라 평생교육을 촉진할 수 있는 사회적 자본인 것이다.

사회적 자본에 대한 물음은 우리가 사는 사회에 대한 물음으로부터 출발한다. 즉, '어떤 사회적 자본이어야 하는가'라는 물음과 '우리가 어떤 사회에 살고 있는가'라는 물음은 동전의 양면과도 같은 것이다. 이 책은 학습사회를 전제로 한다. 학습사회란 더 많은 학습을 제공한다고 만들어질 수 있는 성격의 것이 아니다. 코필드(Coffield, 1994: 1)에 따르면, 학습사회란 "모든 시민들이 높은 수준의 일반교육, 적절한 직업훈련, 그리고 직업을 획득하고, 계속적으로 평생 동안 교육과 훈련에 참여하는 사회이다. 학습사회의 시민들은 전체 공동체의 삶의 질을 향상시킬 수 있는 비판적 대화와 활동에 참여할 수 있어야 한다"(Gorard, Rees, Fevre & Furlong, 1998: 25).

즉, 학습사회란 시민사회이고, 따라서 우리가 추구해야 하는 사회적 자본이란 시민사회에서의 시민적 네트워크, 규범, 신뢰와 관련된다. 그것이 시민으로서 우리가 추구해야 할 사회적 자본인 것이다. 따라서 이 책에서는 퍼트남의 정의를 바탕으로, 사회적 자본을 협력적 행위를 촉진시켜 사회적 효율성을 향상시킬 수 있는 시민적 참여의 네트워크, 포괄적 호혜성의 규범, 그리고 그로부터 생겨나는 사회적 신뢰라고 정의한다. 시민들은 이러한 사회적 자본을 통해 고립된 개인으로서는 경험할 수 없는 상호존중의 힘과 정서적 성취감을 맛보고, 그 자신과 그가 속한 공동체의 결속력과 생산성을 강화하고, 계속적으로 사회적 자본의 외연을 확대시켜 궁극적으로는 시민사회의 시민으로서의 역할을 수행할 수 있다.

결국, 시민적 참여의 네트워크, 포괄적 호혜성의 규범, 그리고 사회적 신뢰라고 하는 사회적 자본이 충분히 갖춰진 성숙한 사회에서, 우리는 책임을 다하는 훌륭한 국민으로서, 효율적이고 합리적인 경제 행위자로서, 사회문제에 대해 능동적이고 적극적으로 참여하는 시민으로서 성장할 수 있는 것이다. 그리고 시민사회에 필요한 사회적 자본이란 기술적 전문가에 의한 사회공학적 연구나 정책이 아닌, 실천을 통해 조금씩, 하나씩 배워가고 쌓여가는 것이다. 학습 과정을 통해 사회적 자본이 창출되는 것이다. 사회적 자본과 평생교육의 관계는 다음과 같이 표현될 수 있다.

[그림 3-1] 평생교육과 사회적 자본의 관계

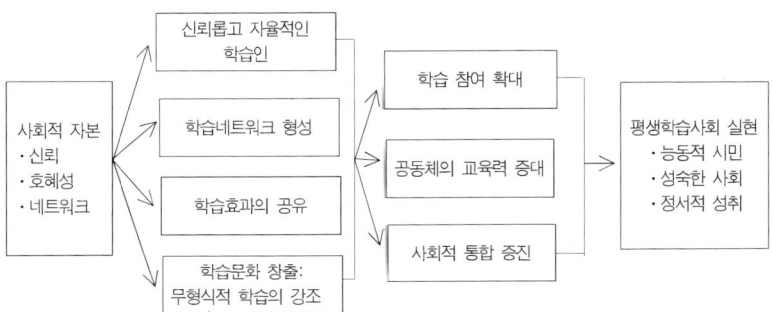

이제 사회적 자본은 이론적이고 경험적인 연구의 영역을 넘어 정책적 처방으로 나아가고 있다. 오늘날의 연구자들과 정책 입안자들은 바람직한 사회적, 시민적, 그리고 경제적 결과가 '틀림없이 정확한 재료'만을 섞는다고 얻어질 수 없다는 것을 깨닫기 시작하고 있다. 그러한 기능주의적인 접근은 대단히 위험하고, 실패로 끝날 가능성이 크다는 것이 최근 내려진 결론이다. 인간 행위자들과 그들이 속한 공동체, 그리고 그 안에 내재한 사회적 자본이 중요한 매개 변수가 된다는데 대한 합의가 이루어지고 있다.

이렇게 볼 때, 사회적 자본의 중요한 특징 가운데 하나는, 그것이 서로 다른 분야의 연구자들, 정책 입안자들, 그리고 실천가들 간에 대화와 협력을 가능케 하고 있다는 것이다. 울콕에 따르면, 사회적 자본의 가장 큰 장점이 우리 시대의 가장 중요한 문제들에 적용될 수 있는 포괄적인 다학문적이고 간학문적인 연구를 시작할 수 있는 출발점을 제공한다는 것이다(Woolcock, 1998: 188). 지금까지는 독자적인 자기 이론, 방법론, 그리고 학자들을 거느린 개별학문의 범람 – 경제학, 사회학, 교육학, 정치학 등의 여러 유파들이 복잡성을 더욱 증가시켜왔다. 즉, 법칙 정립적 사회과학자들은 다루는 주제와 방법에서 서로 간에 핵심적으로 분리된 영역을 구획짓는데 열중해왔던 것이다(Wallerstein, 1996: 48). 이러한 현실에서 사회적 자본은 각 분야의 다양한 진영들이 그 동안의 학문적 편협성을 극복하고 다시 한번 허심탄회하고 건설적인 논의를 시작할 수 있는 '하나'의 언어, 공통어가 되고 있다. 사회적 자본이 불확실하고 탐색적인 시대정신과도 잘 어울린다는 슐러의 지적은 바로 이러한 현실을 두고 한 말이다.

사회적 자본이 대두된 배경은 평생교육이 대처하고 극복해야 할 현실이다. 현대인들은 사회와 공동체에 대해 수동적이고, 냉담하며, 무관심한 부분이 많다. 심리적, 정신적, 경제적으로 불안해한다. 그 이면에는 개인주의의 성장과 사회적 자본의 결핍과 쇠퇴가 있다. 또한, 불평등과 배제의 문제를 안고 있는 사람들 가운데는 비생산적이고, '하향평준화 압력'으로 작용하고, 부정적인 측면의 사회적 자본에서 헤어 나오지 못하는 경우도 많다. 따라서 발전적이고, 생산적이며, 긍정적인 사회적 자본을 형성하는 것은 공동체와 개인의 주요과제이다. 사회적 자본의 형성은 경제성장과 인적 자본의 부산물로 격하할 수 없으며, 서로에게 귀 기울이고 갈등을 해소하고 두려움과 의심의 벽을 허무는 학습에 의존한다. 그것은 대규모 사회공학이 아닌 평생교육을 통해 하나씩, 조금씩 배워갈 수 있는 것이다. 거꾸로, 사회적 자본은 학습의 과정과 결과에 영향을 미친다. 우리는 사회적 자본에 대한 이해를 통해 평생교육 분야에서 발견되는 참여와 성과의 복잡한 패턴을 이해할 수 있다.

제4장 국가 및 시장주도 평생교육과 사회적 자본

국가주도 평생교육과 사회적 자본

국가주도 평생교육의 특징: 발전국가와 평생교육

일반적으로 국가는 교육에 대하여 매우 민감하게 반응한다. 한국에서 학교교육에 비하여 학교 밖 교육은 국가의 관심으로부터 멀리 떨어져 있으며, 심지어 학교 밖에서 이루어지는 교육은 불온한 것, 혹은 적대적인 것으로 받아들여지기도 했다. 평생교육은 주변적인 것으로 인식되었으며, 국가의 발전을 저해하지 않거나 국가발전에 참여하는 노동자들에게 사회적으로 지배적인 가치를 전달하는 경우에 한하여 제한적으로 허용되었다. 이러한 현상은 국가와 시민사회가 상호 대립적인 관계로 인식되고, 특히 근현대사에서 국가가 시민사회의 힘과 역할을 정권을 위협하는 저항적인 세력으로 바라본 데에 기인한다. 국가와 시민사회의 관계에 대해서는 여러 입장이 있을 수 있다. 예를 들어, 국가와 시민사회를 대립적 입장으로 보는 관점, 즉 마르크스처럼 시민사회를 국가의 잔여 부분으로 보는 입장이 있다. 그 결과 '국가-학교교육-바람직한 것'과 '시민사회-학교 밖 교육-문제가 있는 것'이라는 이분법을 만들어냈다. 이에 비해 하버마스 등은 국가와 시

민사회의 이분법 대신에 국가(정치)-시장(경제)-시민사회(사회)
라는 구분을 선호한다.

한국에서는 1960년대 이래로 국가가 주도적으로 산업화를 추
진하면서 시민사회의 발전을 억압하였고, 사회의 모든 영역을 국
가의 통제 아래 위치시킨 발전국가의 모습을 보였다. 일반적으로
발전국가(the developmental state)는 '경제성과를 국가중심적인
제도 편제와 연관시키는 이론, 기술, 주장의 집합'으로 '성장과
생산을 우선적으로 고려하여 정책을 결정하고 집행하는 국가'를
의미한다. 발전국가론은 제2차 세계대전 이후 동아시아 신흥 산
업 국가들에서 보인 급속한 경제성장을 설명하기 위하여 제시된
개념으로, 국가가 시장과 시민사회에 적극적으로 개입하여 지도
하고 국가주도로 정책을 도입함으로써 경제성장을 이룩하였다고
보는 관점이다. 발전국가론의 핵심적인 이론적 명제는 다음과 같
이 정리할 수 있다: 첫째, 동아시아 국가들은 소비 및 분배와 구
분되는 성장, 생산성, 경쟁력의 측면들, 즉 경제발전에 정책의 최
우선을 두었다. 둘째, 이 목표를 성취하기 위하여 국가는 적극적
으로 시장에 개입하였고, 자원의 전략적 할당과 다양한 정책도구
를 통해 민간부분을 지도하고 규율하며 조정하였다. 셋째, 국가의
전략적 개입과 그 성공은 정치적 · 사회적 압력으로부터 자율적인
합리적이고 유능한 관료에 의해 보증되었다(윤상우, 2001: 159).

발전국가론의 한국적 적실성에 대한 논쟁은 여전하지만, 대체
로 학자들은 한국의 경우 국가가 상당한 정도의 자율성과 능력
을 가지고 있었으며, 경제성장을 위하여 사회를 지배하고 사회의
모든 부분을 전략적으로 동원하였다는 점에 대해 의견의 일치를

보인다(이병천, 2000; 김용학, 1999; 박은홍, 1999). 그러나 1960년대 이래로 지속된 권위즈의를 근간으로 하는 발전국가는 1990년대 초·중반 김영삼 정부에 이르러 그 기본골격이 허물어졌으며(이병천, 2000: 106), 그것은 권위적이고 관료적인 국가 통제가 약화되고, 대신에 시장이 영향력을 강화하는 것이었다.

발전국가가 평생교육을 동원하는 이유는 다양하다. 먼저, 앞서 지적한 바와 같이 경제적 이유이다. 1970년대 박정희 정권은 경제개발을 정책의 최우선 과제로 설정하였으며, 모든 부문을 경제성장을 위하여 동원하였다. 평생교육 또한 경제성장 과정에서 필요한 저급한 수준의 노동력을 공급하도록 기대되었다. 학교교육과 달리 평생교육은 급속히 늘어난 청소년 노동자들에게 기초적인 기술훈련을 담당하였다. 산업화가 진행됨에 따라 노동자는 급속히 증가하였는데 그 중에서도 근로청소년의 증가가 두드러졌다. 도시 임금 노동자는 1960년대 130만명에서 1970년대에 무려 340만 명으로 증가하였으며, 많은 청소년들이 학교가 아니라 공장으로 출근하였다. 특히 여성 노동자의 증가는 더욱 두드러졌다(구해근, 2002: 64-65). 이들은 전기, 신발, 섬유공장 등에서 노동자로 일하면서 경제발전을 위한 첨병 역할을 담당하였다.

그러나 국가의 경제개발 전략에서 평생교육은 주변적인 것이었다. 국가는 학교교육을 중심으로 양질의 기술 인력을 양성하는 일에 관심이 있었으며, 대신에 평생교육은 노동자들에게 주로 낮은 수준의 직업적 기술을 가르치는 직업훈련원이나 기술학원 등과 같은 것이었다. 많은 청소년들이 기술훈련보다 기회가 된다면 학교에 다니고자 하는 강한 교육열을 가지고 있었으며, 산업체부

설학교, 방송통신고등학교, 야학, 그리고 소모임 활동 등과 같은 평생교육 활동은 이러한 교육수요에 반응하여 출현하였다.

그렇지만 평생교육과 관련하여 국가의 경제적 동기는 오늘날에도 여전히 유효하다. 발전국가에서 '산업전사'를 길러내도록 줄곧 평생교육을 동원하는데 사용된 논리가 이제 세계화 시대를 맞이하여 '지식기술노동자'를 위한 평생교육의 동원 논리로 활용되고 있는 것이다. 세계화로 지칭되는 초국가적 자본의 세계적 팽창에 직면하여 국가는 경쟁력을 강화하고 나아가 안정적인 상태를 유지하기 위해 평생에 걸친 학습이 필요하다고 주장한다.

> 기술과 산업구조의 급격한 변화와 노동시장의 유연성에 근로자 스스로 적응하고 고용가능성(employability)을 높일 수 있도록 근로자 자율적인 평생교육을 촉진한다(대통령자문 교육인적자원정책위원회, 2001: 29).

평생교육은 경제적으로 뿐만 아니라 정치적으로도 국가에 의하여 동원되었다. 1980년대 이후 평생교육의 급속한 팽창은 국가의 정치적 의도와도 이해관계가 맞아떨어진다. 예컨대, 근대적인 교육의 도입 이후 비록 그 동기는 다르지만, 교육열과 높은 수준의 교육은 국가 발전을 위하여 중요한 역할을 담당하였다. 한국의 경우 수익자 부담 원칙에도 불구하고 많은 사람들은 나서서 교육에 참여하였고, 국가의 계획된 시스템에 자신들의 열망과 기대를 맞추어 갔다. 적어도 교육열은 여러 가지 점에서 막다른 골목에 이르고 있다. 이러한 막힌 교육열은 국가적으로 상당한 부담 요인으로 작용할 가능성이 있다. 국가는 나름대로 과대 팽창된 제도교육의 숨통을 열어줄 공간을 모색하게 되었고, 그 대안이 바로 성인계속교육 영역의 팽창이었던 것이다(한승희, 2001b: 321-362).

한편, 국가는 노동자와 농민을 대상으로 국가의 발전전략을 알리고 설득하며 광범위한 지지를 얻기 위하여 생활개선이나 의식개선 등을 위한 강연회를 개최하는 등 특정한 사회적 가치 및 규율의 재생산 때문에 평생교육을 동원하기도 하였다. 평생교육은 국가정책의 홍보수단으로서 또는 국가이념을 내재화하는 수단으로 간주되었던 것이다. 민관합동 등으로 실시되던 새마을 교육이나 각종 지도사업 등은 그 대표적인 것이었다. 황종건(1993: 388)은 이러한 평생교육을 '정부주도의 국민교육'이라 부르고 있다. 한마디로 평생교육이 거국적인 관제사업의 모양새를 보이고 있었던 것이다.

전통적으로 한국의 국가는 권위적이고 억압적이었다. 국가는 이중적인 성격을 지니고 있는데, 한편으로는 시장의 움직임을 활성화해야 하고, 다른 한편으로는 공공선과 공공재, 공공 영역의 유지를 담당해야 했다. 오늘날 국가는 사회의 제 영역에 대해 여전히 강력한 영향력을 행사하기는 하지만, 시장이나 경제의 강력한 도전과 언론 및 시민사회의 성장은 국가의 의도가 그대로 실현되는 것을 방치하지 않고 있다. 국가는 점점 '연성국가'로 바뀌고 있으며, 자연스레 시장 및 시민사회와의 협력적 관계를 필요로 한다. 국가의 관료적 통제가 예전과 달리 막힘없이 관철되는 경우가 줄어들고 있으며, 대신에 경제적 합리주의가 정책 결정의 주된 배경을 이루고 있다. 시장의 우선성, 경제적 가치의 중시, 그리고 경제적 자유의 강조는 경제적 합리주의의 대표적인 특징이다. 평생교육을 위한 국가 역할도 사회적 자본을 강화하고 동시에 제한적 자유주의를 조화롭게 발전시키는 것이어야 한다.

국가주도 평생교육과 사회적 자본

국가와 사회적 자본의 관계: 일반적으로 국가는 법률의 집행이 제대로 이루어지도록 하는 통치 환경을 제공하는 역할을 담당한다. 이러한 역할은 시민들이 권리와 자유를 적절히 누릴 수 있도록 하며, 사회적 규범의 적용이나 구성원들 간의 신뢰 형성과 관련된다. 한 마디로 국가 구성원들이 안심하고 생활할 수 있는 규범적 및 제도적 기반을 조성하는 역할을 말한다. 뿐만 아니라 국가는 정책의 수립과 집행 능력, 정책 자원, 그리고 정책 결과에 대한 책무성에 관한 역할을 담당한다. 이는 구성원들이 생존할 수 있는 물질적 조건을 조성하는 역할을 의미한다. 따라서 이 두 가지는 국가가 담당해야 하는 핵심적인 역할이라고 할 수 있으며, 이러한 역할의 수행 정도에 따라 국가기능의 성패가 판단되기도 한다.

이러한 국가역할은 사회적 자본과 밀접한 관련이 있는데, 나라얀(Narayan)은 크게 두 가지 기준에 따라 국가와 사회적 자본의 관계를 정리한다. 첫 번째 기준은 국가의 기능이다. [그림4-1] 에서 세로축은 국가기능의 수준을 나타내는데, 위로 올라갈수록 국가는 질서를 유지하고 세금을 징수하는 등의 역할을 효과적으로 수행한다. 반대로, 아래로 내려갈수록 국가는 비효율적이고 규범 및 제도적 통제가 불가능하여 극단적으로는 붕괴 가능성이 있다. 두 번째 기준은 사회적 자본의 수준, 즉 시민사회의 역량을 의미한다. 사회적 자본의 수준은 국가의 역할과 기능, 그리고 정부의 다양한 조직과 기구의 효율성에 많은 영향을 미칠 것으로 예상된다. 국가가 약해지면 동시에 국가의 효율성도 약화되는 것이 일반적이다. 따라서 국가가 해야 하는 일을 비공식적인 집단이나 기구들이 대신하게 된다. 이러한 사회에서 사람들은 생존을 위하여 투쟁하고, 경제적 어려움을 이겨내기 위하여 노력해야 한다. 평생교육도 국가와 사회적 자본의 관계 속에서 서로 다른 모습으로 기능할 것으로 기대된다.

[그림 4-1] 국가와 사회적 자본의 관계

국가의 성공: 기능을 잘하는 국가

낮은 사회적 자본	B 사회적 배제·갈등 잠복	A 사회적·경제적 잘삶	높은 사회적 자본	보완 역할
	C 사회적 갈등	D 대 응		대체 역할

국가의 실패: 기능을 못하는 국가   사회적 자본의 역할

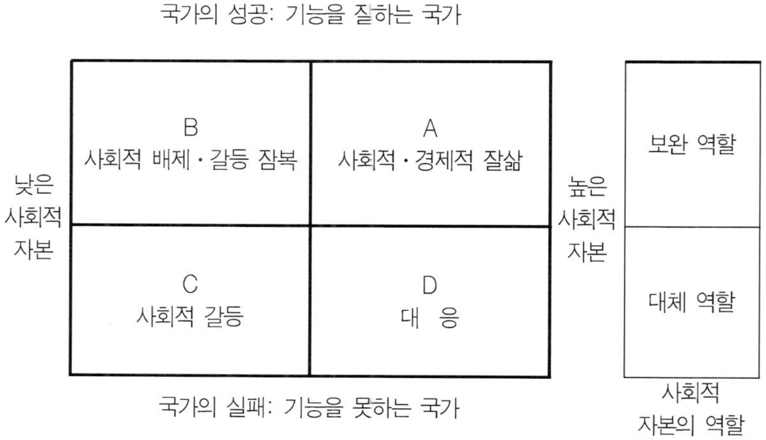

출처: Narayan(1999: 14)

A. 사회적·경제적 잘삶과 평생교육   먼저, 유형 A는 사회적

자본의 수준이 높으며 국가가 기능을 적절히 수행하는 경우이다. 이 유형에서 국가와 시민사회는 협력적, 보완적 관계를 맺고 있으며, 긍정적인 경제적 및 사회적 결과를 얻을 수 있다. 국가의 폭력적 지배나 권위적 통제가 가능하지 않으며, 다양한 성격과 이념을 토대로 한 시민사회가 공공선을 위하여 협력하는 사회이다. 나라얀은 스칸디나비아 국가들과 네덜란드 등을 그 예로 들고 있다. 이들 국가는 모두 높은 수준의 경제적 발전과 사회적 응집, 그리고 상대적으로 낮은 범죄율과 갈등 등을 보인다. 평생교육은 국가와 시민사회의 협력을 통하여 이루어지고, 풍부한 사회적 자본에 기초한 시민사회의 평생교육은 국가주도 평생교육을 보완하는 협력적 역할을 담당하게 된다. '자발적' 평생교육이 가능하다. 웰튼(Welton, 1995)의 주장처럼 참여적이고 민주적인 학습공동체가 형성되며, 이를 통하여 자기발전과 사회발전을 조화롭게 추진할 수 있게 된다.

B. 사회적 배제 및 갈등의 잠복과 평생교육 유형 B는 정부가 기능을 제대로 수행하고는 있지만, 그러한 역할이 사회적 자본에 의한 것이기보다는 지배적인 특정 집단에 의해 전적으로 영향을 받는 사회이다. 상대적으로 낮은 수준의 사회적 자본을 보이고, 지배계급 이외의 집단은 배제될 가능성이 짙다. 이 유형의 주된 특징은 갈등이 잠재되어 있다는 점이다. 남아프리카, 남미의 여러 국가들, 소수민족이 차별당하고 있는 일부 국가 등이 이러한 유형에 속한다. 평생교육은 특정 집단이나 국가의 의도를 관철시키기 위하여 동원될 가능성이 크다. 관변단체나 어용단체 등이 동원되어 국가의 지배 이데올로기와 정책의 정당성을 전달하는

학습활동을 펼친다. '동원형' 평생교육의 성격을 갖는다.

C. 사회적 갈등과 평생교육   유형 C는 국가가 문제해결 기능을 점차적으로 상실해감에 따라 갈등과 폭력이 지속되고, 일종의 시민전쟁과 무정부 상태로 전락한 경우이다. 국가의 기능을 대신하여 특정 사회집단이 국가를 비공식적으로 대신한다. 권력이나 권위 등이 군부 혹은 마피아 등과 같이 폭력을 사용하는 집단으로 이양된다. 국가는 평생교육에 대하여 적극적으로 관심을 기울이기 어려운 상황이며, 뿐만 아니라 시민사회의 평생교육 역할도 기대하기 어렵다. 더욱 심각한 것은 집단의 이익을 대변하는 단체들이 공공선보다는 자신들의 이해를 관철하기 위해서 무차별적으로 경쟁하고, 학습은 이러한 경쟁을 위한 도구로 활용될 가능성이 있다.

D. 대응과 평생교육   마지막으로 유형 D는 비공식적 사회적 네트워크가 실패한 국가를 대신하여 출현하고, 나름대로 국가를 대신하는 대응(coping) 전략을 모색한다. 비공식적 신용, 비공식적 계약 등과 같이 비공식적인 활동이나 자영업 등이 증가한다. 지역공동체가 운영하는 기초학교, 건강 클리닉 등이 출현한다. 예를 들어, 케냐에는 빈곤을 극복하고 빈곤 상황에 대처하기 위하여 정부와 아무런 관계가 없는 약 30,000여개의 자립 그룹이 존재하고 있는 것으로 알려지고 있다(Narayan & Nyamwaya, 1996). 로즈(Rose)는 소련이 붕괴되고 난 다음 러시아의 상황을 예로 들면서, 시민사회가 불충분한 국가의 기능을 대체하기 위하여 다양한 대응 네트워크를 형성하였다는 분석을 한 바 있다(Rose, 1995). 즉, 비공식적 체제가 공식적 체제를 대체하는 사

회를 말한다. 만일 국가가 독재적이거나 혹은 강제적이지 않다면, 광범위한 범죄, 폭력, 전쟁들로 해체되는 것이 아니라, 그런 것들에 가장 잘 대처할 수 있는 장치를 고안하게 된다.

동원형 사회적 자본: 권위주의 시대 시민사회 내에 존재하는 시민단체는 크게 세 가지 유형으로 구분할 수 있다(조희연, 2000: 132). 그 하나는 국가의 후견을 받는 관변단체이고, 다른 하나는 전투적이고 저항적인 사회운동단체이며, 마지막으로 탈정치화된 혹은 비정치화된 단체들이다. 관변단체나 탈정치화된 단체는 합법적인 영역에서 국가의 이념이나 정책을 홍보하는 기능을 담당하지만, 저항적 단체는 합법적인 영역에서 존재하기 어렵고 반정부 활동이나 사회에 대한 비판적 의식화를 주로 담당하고, 따라서 비합법적인 단체로 성격이 규정된다. 이들 각각의 단체는 평생교육과 관련하여 다른 모습을 보인다. 그러나 해방 이후 줄곧 한국사회에서 시민사회는 자율성이 억압되었으며, 학습을 포함한 어떤 활동도 국가의 감시와 통제를 받았다.

과거, 권위주의 체제에서 시민사회는 억압되고 통제되었다. 따라서 다양한 시민들의 요구와 의견은 수면 아래로 잠복했다. 시민사회의 억압은 곧 사회적 자본을 긍정적 의미를 갖는 사회적 가치로 바라보지 않고, 정치적 권력에 대한 적대적 세력으로 이해할 가능성이 높다. 따라서 평생교육과 관련한 네트워크로서의 사회적 자본은 적극적인 감시의 대상이며, 대신에 국가에 의하여 필요한 시민단체와 사회적 자본이 의도적으로 형성된다. 뿐만 아니라 국가의 개입과 능력이 높고 반대로 기업이나 시장의 영향력이 낮은 경우에 사회적 자본은 국가주도 정책 네트워크의 파트너로 시장과 기업의 역할을 고려하지만 궁극적으로 국가가 최종 결정자가 된다. 정책공동체의 최종 판단자는 국가인 셈이다.

국가의 지배 아래 놓인 시민사회는 보수성과 개량주의적 성격을 지니며, 국가의 대리인으로서 국가의 정치적 이념이나 정책을 홍보하고 정당화하는 역할을 담당한다. 평생교육 또한 이러한 한계를 벗어나지 못하며, 주로 억압적 국가 권력을 정당화하고 국가가 원하는 방향으로 국민들을 '계도'하는 모습으로 동원되는 것이 일반적이다. 때문에 시민사회에 의하여 주도되는 평생교육은 체제유지와 정치적 재생산을 위해 필요한 도덕적 내면화와 사회적 통제를 위해 동원된 국가의 나팔수로 각인될 수밖에 없었다. 한마디로 학습세계가 철저하게 국가 권력 아래 식민지화되었던 것이다(한숭희, 2001b: 267-280). 권두승(1991)은 이러한 평생교육을 체제유지형/적응지향형으로 분류하고 있다. 발전국가 시기에 체제유지를 위한 평생교육으로는 주로 관민 합동이나 관 주도로 실시된 '시민계몽형 사회교육'과 '시민의식 함양형 사회교육'이 있었다.

이러한 평생교육은 시민사회가 무엇인가 '좋은 것'을 학습자들에게 배우도록 하여 영향을 주고 궁극적으로 변화를 일으키고자 하는 것을 의미한다. 이는 다분히 겨몽주의적 평생교육의 성격을 갖는다. 시민들은 어떤 현상이나 조건에 대하여 무지하며, 따라서 그러한 조건은 누군가에 의해 깨우쳐져야 할 필요가 있다는 것이다. 결국, 시민은 수동적이고 소극적인 학습자로서의 지위를 극복하기 어렵게 된다. 때문에 국가 못지않게 시민사회의 평생교육 또한 권위적이고 삶과 유리될 수밖에 없게 된다. 다양한 위성 혹은 관변 시민단체에 의하여 추진된 새마을 교육은 이러한 동원형 평생교육의 대표적인 예이다. 국가가 평생교육을 주도적으로 관리하고 통제하게 되면, 불가피하게 많은 학습 활동이 왜곡될 가능성이 크다. 국가는 '복지'를 강조하면서 평생교육에의 참여를 독려하지만, 그것은 국가주도 체제의 지속적인 자기복제과정을 의미할 뿐이다.

저항형 사회적 자본: 억압적인 사회에서 공동체는 다양한 감시와 통제의 대상이다. 따라서 공동체를 구성하게 하는 것이 바로 구성원들간의 신뢰에 기초한 친밀한 네트워크이며, 따라서 사회적 자본은 공동체를 유지하고 보존하기 위하여 철저하게 은폐되고 수면 아래로 잠행하게 된다. 반면에 권위주의적 권력은 이러한 사회적 자본을 '불온(不穩)한 것'으로 간주하고 적극적으로 색출하고 해체하고자 한다.

억압적이고 권위주의적인 국가 시대에 사회적 자본은 주로 비형식적 학습을 위한 자원으로 활용되었다. 민중교육은 그 대표적인 예이다. 이념서클이나 민중을 대상으로 하는 야학 등은 참여자들끼리의 '철저한' 보안과 신뢰에 기초하여 이루어졌다. 일종의 점조직이라는 말이 그것을 대변한다. 따라서 지금과 달리 사회적 자본이 평생교육, 특히 학교 밖 평생교육의 실천과 조직원리로 활용되었던 것이다.

우리는 공제조합의 바로 그 비밀주의 안에서, 그리고 상층계급의 탐

색적인 눈초리 아래서도 그 정체를 드러내지 않는 불투명성 안에서
독자적인 노동계급 문화와 제드의 성장을 말해주는 확실한 증거를 본
다(Thompson, 2002: 576).

콜만은 사회적 자본을 설명하면서, 한국에서의 학생운동 조직
을 예로 들고 있다(Coleman, 1990). 1982년 3월의 미문화원 방
화사건을 다룬 당시 신문보도는 대체로 비슷하였는데, 그것들 중
의 하나는 이 사건이 "점조직으로 운영된 지하써클"이 주도했다
는 것이었다.

> 「언더」로 불리는 지하이념써클은 … 구성원은 비교적 소수이고, 특정
> 서적을 집중적으로 읽고 토론하고, 학내소요의 배후에서 반정부 분위
> 기를 고조시키고, 구성원조차 써클 규모를 알 수 없을 정도로 점조직
> 을 고수한다는 특성을 가진 것으로 나타났다(동아일보, 1982년 3월
> 31일자 10면).

당시 교육부는 대학생들의 이념교육을 강화하는 것을 골자로
하는 대책을 발표하기도 하였다. 이들 조직은 '어떤 공통적인 경
험'들에 대한 응답의 결과였다. 이러한 공동체 조직은 역사적으
로 가난한 사람들에게서 보다 널리 확산되어 있었다. 톰슨
(Thompson, 2002: 578)에 따르면 그것은 노동자들이 '지독히도
가난하고 비참한 상태'를 견뎌내기 위한 '상호부조 윤리의 결정'
이라는 것이다. 그에 따르면, 19세기 노동자들은 개인주의자나
앞잡이 등을 용납하지 않는 확고한 도덕규범이 있었고, 이러한
집단주의적 자각이 공동체적 가치와 이론, 제도, 규율을 요청하

였다. 우리의 두레 또한 마찬가지이다. 이들 공동체는 비상시에 이웃을 돕는 역할뿐만 아니라 교육적 기능을 담당하였다. 자조 (自助)의 가치관에 영향을 받았기 때문에, 교육을 통하여 집단적 자긍심과 규율을 기르고자 하였던 것이다.

야학은 저항형 사회적 자본을 살펴볼 수 있는 좋은 예이다. 노동자를 대상으로 하는 야학은 반정부적 성격과 사회적 거부감으로 인하여 은밀한 사적 네트워크, 즉 사회적 자본에 터하여 교사와 학생을 충원하였다. 사회적 네트워크는 집단의식을 형성하는 기능을 담당하는데, 특히 노동자들에게 연대의식과 계급의식 등을 길러줌으로써 사회적으로는 저항적 성격을 보이게 되었다. 이러한 까닭에 시민사회에 의한 자발적이고 비형식적 교육활동은 거부감이 드는 무엇으로 간주되었다. 이와 같은 부정적 태도는 평생교육의 중요한 근거인 사회적 자본과 시민사회를 훼손하는 결과를 초래하였다. 국가로부터 공인되지 않은 시민사회에 의한 교육활동은 반체제 활동으로 간주되었으며, 때문에 평생교육을 통한 사회적 자본의 형성은 기대하기 어려운 실정이었다.

그러나 저항형 평생교육이 사회적 자본을 통한 기층 민중들의 학습활동을 촉진한 중요한 역할을 담당한 것은 사실이지만, 이 또한 시민들의 자발적 참여에 근거한 것이라고 보기에는 무리가 있다. 오히려 교육자와 학습자가 불평등한 관계 아래, 학습자는 사회변혁을 위한 가치와 행동 규범의 내면화를 수동적으로 교육받은 것이다. 그럼에도 불구하고 저항형 평생교육은 권위적이고 억압적인 상황에서 사회적 자본이 중요한 학습의 공간이자 소재로 활용될 수 있다는 점에서는 그 의의가 충분하다.

이러한 저항형 혹은 민중교육적 평생교육은 1980년대 중반을 기점으로 변화를 경험하게 된다. 아래 <표 4-1>에도 나타나는 바와 같이 시민사회 운동의 중심이 노동운동과 학생운동에서 시민운동으로 변화되고 있음을 알 수 있다.

<표 4-1> 신문에 보도된 시민운동, 노동운동,
학생운동의 건수

	1997년	1998	1999
학생운동	377	170	231
노동운동	254	202	276
시민운동	226	280	406

출처: 홍일표(2000: 118)를 은수미(2001)에서 재인용

특히, 1989년 경제정의 실현과 공공선을 목표로 결성된 「경제정의실천연합」의 출범은 시민사회의 위상과 역할을 근본적으로 변화시킨 중요한 사건이다. 경실련은 생활과 직접적으로 연결된 과제의 해결을 제시하였고 활동의 목표를 계급이익이나 민중이익의 실현이 아니라, 공공선의 추구를 통한 공공영역의 확장 및 점진적 개혁에 두었다. 이는 학생, 노동자, 그리고 일부 지식인들에 의하여 주도되어 오던 학습활동에도 상당한 영향을 미쳤다. 이 시기를 기점으로 하여 시민사회의 분화가 촉발되었으며, 학습활동을 기본으로 하는 다양한 시민운동이 전개됨으로써 '저항형' 평생교육 또한 질적 변화를 경험하게 되었다.

시장주도 평생교육과 사회적 자본

시장주도 평생교육의 특징

　인적 자본 형성과 평생교육: 평생교육에 대해 비판적인 사람들은 평생교육이 '평생에 걸친 학습'을 말하지만, 그 본질적 성격은 '경제적인' 것으로 학습의 목적과 성격을 일에 대한 일반적 혹은 특별한 준비, 그리고 근로자의 훈련과 개발에 대한 욕구를 충족시키는 직업적 기술의 업그레이드를 위한 노력으로 폄하한다(Hyland, 1999: 311). 영국 수상 블레어는 직설적으로 "교육이 우리가 가진 가장 경제적인 정책이다"라고 단정 짓기도 한다. 제1차 산업혁명 당시의 가장 중요한 투자가 기계와 기술혁신에 대한 것이었고 그 다음에는 물적 자본이었다면, 이제는 학습에 대한 투자, 인적 자본에 대한 투자가 무엇보다도 우선시되고 있는 것이다. '사람'이 지속적 경쟁우위를 약속할 수 있는 유일한 근원으로 간주되고 있다. 21세기 학습에 대한 투자는 산업혁명 당시의 기계와 기술을 위한 투자에 필적한다. 그 당시 문제가 된 것이 물적 자본이었다면, 현재 문제가 되는 것은 인적 자본이다(DfEE, 1997: 15를 Coffield, 1999: 481에서 재인용).

　20세기 후반의 평생교육을 뒤돌아보면, 인적 자본이 경제적 성공과 사회적 통합을 이룰 수 있는 왕도라는 견해가 지배적이었음을 알 수 있다. 사람들은 교육에의 투자가 주식 혹은 채권에의 투자와 같은 방식으로, 측정가능하고 명백한 결과로서 되돌아오리라고 기대한다. 인적 자본에 대한 중시는 최대의 이익을 추구하는 합리적 행위자를 강조하는 경제적 인간관과 밀접하다. 학습자는 고용가능성의 증진이니 지식기반 경제제도에서의 생존을 위해 학습해야만 하는 학습 소비자가 되고 있다.

평생교육에 대한 현대적 해석은 본질적으로 경제적인 것이다(Hyland, 1999: 311). 세계적이고 국가적인 차원에서 체제적 기반을 확고히 하고 있는 평생교육은 이제 경제학적 관점에서 철저하게 자본의 논리로 재편되고 있다. 지식기반경제의 도래와 함께 평생교육은 교육자들의 손에서 경제학자들의 손에 넘어가 철저하게 자본의 논리로 재단된다(이희수, 2001: 225). 자본과 시장논리에 따른 평생교육은 다음과 같은 다섯 가지 가정을 전제로 한다(Coffield, 1999: 480). 첫째, 글로벌 시장에서의 국가 경쟁력은 궁극적으로 모든 국민들의 지식과 기술력에 달려있다. 둘째, 세계화와 과학기술 발전에 따른 새로운 경제적 영향력은 자연재해만큼 제어하기 힘든 것이고, 따라서 정부는 국민 노동력을 계속해서 향상시킬 수 있는 정책을 취해야만 한다. 셋째, 교육은 현대화되어야 하고 고용주의 필요에 더욱 적극적으로 응해야 한다. 넷째, 고용가능성을 높이기 위해 지식과 기술을 계속해서 갱신해야 하는 책임은 개인에게 돌려진다. 다섯째, 교육기관들은 비즈니스 모델을 따라야 한다. 물론, 이들 명제가 모두 합당한지에 대한 비판의 여지는 많지만, 일반적으로 합의되고 있는 것도 사실이다.

시장주도 평생교육은 기본적으로 인적 자본의 형성에 관심이 있다. 인적 자본론은 효용의 극대화를 추구하는 경제적 인간(Homo Economicus)을 가정한다. 인간의 선호는 문화, 시간과 공간의 변화에 관계없이 대체로 불변하고 고정적이라고 본다. 인적 자본론은 우리가 살고 있는 사회가 교육적 능력주의 원칙에 따라 작동하고 있다고 바라본다. 나아가 교육과 기술 및 지식의 친화적 관계를 가정하고 있으며, 따라서 교육에 대한 투자 정도에 따라 사회적 불평등을 설명하는 것이 가능하다고 본다. 이런 점에서 사회적 불평등은 교정이 필요한 정의롭지 못한 사회현상이기보다는 경쟁과 자유시장의 자연적이고 불가피한 결과라고 한다(Baptiste, 2001: 195). 다시 말해, 자유시장이 가장 정당한 사회제도이고, 그것을 통하여 인간 행동과 성취를 가장 적절하게 설명할 수 있다는 입장이다. 또한 이들은 사회적 행동을 설명하기 위하여 불평등한 권력이나 구조적 요인 등과 같이 시장과 관련이 없는 요인들을 고려할 필요성을 느끼지 않는다.

이러한 인적 자본론은 크게 두 가지 점에서 비판받는다(Baptiste, 2001; 이재열, 1996). 그 하나는, 교육적 실천은 인류학적 그리고 문화적 기원에 깊은 뿌리를 두고 있는데 인적 자본론이 이러한 기원을 진지하게 이해하지 않고 있다는 지적이다. 밥티스트는 미국의 예를 들면서 교육학이 과도하게 심리학에 경도되어 있음을 염려하고, 대신에 사회 및 정치철학, 역사학, 사회학, 사회심리학, 경제학, 인류학 등과 같은 다양한 학문 영역과 함께 협력할 필요가 있음을 강조한다. 다른 하나는 인적 자본론의 사회적 해악에 대한 것이다. 그는 인적 자본론에 기초한 평생교육이 지나치게 개인주의적이고, 적응적이며, 비정치적이라고 한다.

인간은 철저하게 고립된 쾌락주의자들, 경제적 합리성에 따라 돈만
밝히는 습관의 창조물이다. 인적 자본론은 '비정치적', '적응적', 그리
고 '개인주의적'인 관점에서 교육에 접근한다. 따라서 교육의 목적과
활동은 단순히 학습자의 요구에 호소하느냐 여부로 정당화되며, 학습
자의 열망이 전적으로 조화롭고, 심각한 이해의 갈등을 초래하지 않
을 것이라고 생각한다. 뿐만 아니라 인간은 거역하기 어려운 외부적
여건이나 힘에 오직 적응해야 하고 소비할 선택만 있다. 결국 인적
자본론에서 바라보는 인간이란 누구에게 아무 것도 바라지 않고 아무
에게 의지할 필요가 없는 삭막한 개인주의자일 뿐이다(Baptiste,
2001: 198).

그러나 중요한 사실은 인간이 이처럼 운명적으로 외부 변화에
대응해야만 하는 수동적인 존재가 아니라는 것이다. 인간은 경쟁
하고, 서로 상충하며, 늘 변화하는 열망을 지니고 있다. 이러한
이유 때문에 불가피하게 인간 삶에는 정치적 갈등이 존재할 수
밖에 없고, 정의를 달성하기 위하여 정치적 타협과 협력이 필요
한 것이다. 그런데 인적 자본론은 이러한 인간의 존재론적 특성
을 바라보는 것을 애써 회피하기 때문에 사회에 구조적으로 내
재되어 있는 불평등을 보는 것이 어렵다. 인적 자본론은 평생교
육과 훈련에 대하여 만병통치약적 태도를 보이고 있으며, 교육이
나 훈련이 빈곤, 실업, 저취업 등과 같은 다양한 사회문제를 해
결하는 '신의 손'인 것처럼 생각하고 있는 듯하다.

그러나 인적 자본론은 경제적 인간으로 하여금 이윤의 극대화
를 위하여 지속적인 확대재생산이라는 강제의 굴레를 벗어나기
어렵게 한다. 경제적 행위로서 평생교육은 늘 새로운 학습요구를
밖으로부터 타율적으로 제공받으며, 상대적 강점을 강조함으로써

지속적으로 학습 경쟁에 내몰고 있는 것이다. 더욱 심각한 문제는 인적 자본론이 기대하는 바와 달리 주변부보다는 중심부에서 그 효과가 더욱 크다는 점이다. 인적 자본론이 순수한 시장에서의 교환을 통하여 임금과 노동이 결정된다고 주장하지만, 이들의 주장에는 집단 사이의 권력관계나 혹은 보다 근본적인 계급관계가 고려되지 않고 있다. 다시 말해 방법론적 개인주의에 빠짐으로써 인간 삶의 사회적, 정치적 구조에 의한 영향을 간과하였다는 것이다. 영맨(Youngman, 2000: 45)은 인적 자본을 중시하는 평생교육이란 노동비용 절감과 생산성 증대를 위한 새로운 방법을 모색하는 자본가 집단의 이데올로기적 과정에 불과하며, 특히 평생교육 개념의 세계적 팽창 현상을 중심부 국가의 주변부 국가에 대한 지배 전략의 일환으로 파악한다. 코필드(Coffield, 1999: 482-483)에 따르면 인적 자본론은 교육과 경제의 관계에 대한 충분한 이해의 틀을 제공하지 못한다. 즉, 책임을 개인에게 귀속시키기 때문에 구조적 실패, 불평등, 빈곤의 피해자들에 대해 설명하지 못한다. 이와 같이 인적 자본에 대한 믿음을 토대로 한 평생교육은 이제 상당한 정도의 표준화와 기술지상주의, 학습의 '과잉개인화', 그리고 사회적 배제 등의 문제들을 노출시키고 있다.

인적 자본론을 바탕으로 하는 평생교육은 신자유주의의 등장과 함께 절정을 맞는다. 1980년대 중반 미국의 레이건 행정부와 영국의 대처수상이 주도한 신자유주의의 등장과 함께, 평생교육 논의에서도 자유와 자율은 개인 책임으로 귀결되고 있으며, 시민권의 확대는 선택권의 확장으로 변질된다. 신자유주의의 핵심 내용을 간단히 이야기하면 초기의 자유방임주의로 되돌아가자는 것이다. 신자유주의는 지구 공동체 사회의 공익보다는 효율과 초과이윤을 추구하려고 극심하게 경쟁하는 모래알 같은 사회를 만들어 냄으로써 인류의 미래에 어두운 그림자를 드리우고 있다.

평생교육의 상품화: 시장주도 평생교육의 두드러진 특징은 직업교육을 중시하고 학습활동이 상품화된다는 점이다. 후기자본주의 사회의 중심축이 점차로 생산에서 소비로 바뀌고 있는 가운데, 물질생활뿐만 아니라 학습, 사회, 문화 등 모든 측면의 상업주의화와 가치증식현상이 나타난다(McClenaghan, 2000: 577). 시민들은 더 이상 공동체 생활에 적극적으로 참여하여 문화, 경제, 사회를 만들어가는 생산자나 주체가 아니라 다음의 주장처럼 단지 수동적인 '소비자'이자 '고객'이 되도록 사회화된다(Tandon, 2000: 334).

> 평생교육에 대한 경제적 관점은 교육과 학습을 공공재가 아닌 사유되는 상품으로 바꾸고, 개인들을 노동자·생산자·소비자로 전락시킨다. 책임을 개인에게로 전가하고, 사회적으로 구조화된 학습의 성격을 무시한다. 학습의 도구적이고 직업적인 목적을 지나치게 강조하면서 다른 목적들을 배제한다. 눈에 보이고 결과가 **빠른** 학습활동을 주로 가치있는 것으로 간주한다는 비판을 받을 수 있다(Kerka, 2000: 1-2).

평생교육도 적극적인 소비의 형태가 된다. 팔리기 위해, 학습은 재미있게 보여야 한다(Brownhill, 2001: 76). 학습자들은 그들의 개인적인 욕구와 필요 그리고 문제를 해결할 수 있는 프로그

램에 더 많은 시간과 경비를 투자한다. 또한 상업적으로도 그럴 수 있는 많은 기회가 제공된다. 정보통신의 급격한 발전으로, 학습자들은 거의 모든 지식에 접근할 수 있고 이용할 수 있다. 이것은 자기주도적 학습자들에게 엄청난 기회이다. 이제 학습 생산자들은 전통적인 교육기관보다 훨씬 광범위하고, 인기를 누리는 교육시장의 또 다른 플레이어가 된다. 정보통신 기술에의 접근은 오늘날의 소비자에게는 꼭 필요한 것이고, 컴퓨터와 WWW에의 접근은 사회적 신분의 상징이 되었다. 자신들의 부족한 부분을 충족시키고자 하는 바램은 점점 더 많은 사람들을 학습시장의 세계로 끌어 모으고 있다.

학습경제 사회의 시민인 학습자는 종신적인 학습문화 속에서 종신적인 학습자(permanently learning subject)가 된다(Field, 2001: 38). 그들에게 학습은 생존을 위한 열쇠이다. 그들은 자율성과 독립의 가치가 문화에 뿌리깊이 박힌 사회에서 자신을 돌보는 법을 배워야 하고, 그러기 위해 지식과 기술을 획득해야 한다. 학습은 개인의 책임이며 의무가 된다. 그리고 실패하면 배제의 위험은 이전의 산업사회보다 더 가혹하다. 많은 학자들이 전망하는 학습사회에 대한 미래 시나리오는 회의적이다. 그들에 따르면, 종신적으로 학습하는 소수의 다수파인 '승리자들'과 학습의 기회를 갖지 못하거나 끊임없이 새로운 지식을 획득하고 그것을 이용해야 한다는 구속을 싫어하는 점점 더 많아지는 소수파의 '실패자들' 사이의 거리가 점점 더 멀어지는 사회적 분극화가 나타난다(Alheit & Dausien, 2002). 이런 분극화는 사실 낯선 것이 아니다. 사회계급은 학습에의 참여를 이해할 수 있는 주요한 기준이다. 상류계급과 중간계급일수록, 전문직과 관리직일수록, 현직에 있는 사람일수록, 연구개발이나 고도의 기술이 필요한 산업일수록 현재의 혹은 미래의 학습자가 될 가능성이 크다. 역사적으로도 성인학습에 가장 열심이었던 것은 육체노동자들이 아닌 중간계급이었다(Wright, 1996을 Field, 2000, 114에서 재인용).

시장주도 평생교육과 사회적 자본

소비형 사회적 자본: 오늘날 평생교육은 상당수가 사적 기관 주도로 추진되는 경향이 있다. 그 결과 성인교육은 일용품 시장의 일부가 되고 있으며, 교육 또한 자본축적을 위한 경쟁과 이윤창출 가능성에 일차적인 목적을 두고 있다. 노튼(Norton, 1998: 42)의 지적처럼 만일 사회적 자본 혹은 네트워크가 부(혹은 경제적 이익)를 만들어낸다면 개인은 네트워크를 만들고 유지하는데 더욱 노력하게 될 것이고, 시장은 친사회적 행동을 위한 물질적 유인가를 만들어낼 것이다.

저학력자, 고령자, 장애자, 그리고 여성 집단은 인적 자본론에서 기대하는 것과 달리 교육과 훈련을 통하여 공식 부문에 취업할 가능성이 낮은 집단이라고 할 수 있다. 이들은 대체로 지금 하고 있는 일이나 처지가 최종적 상태일 가능성이 많으며, 교육을 통하여(심지어 상당한 정도의 노력과 재원을 투자한다고 하더라도) 인적 자본을 증대함으로써 고용주가 되거나 신분의 변화를 기대하는 것이 그렇게 쉬운 일이 아니다. 다시 말하면, 가장 낮은 계급적 위치에서 기능적으로 기여하는 집단으로 남아 노동빈민

(the working poor)이나 주변계급(the marginal class)으로 전락할 가능성이 많다(이재열, 1996: 257). 인적 자본론자들의 주장과 같이 의무교육 기간을 마친 다음에 추가적으로 교육과 훈련을 경험하는 것이 소득수준을 증대한다고 하여도, 이것이 모든 사람들에게 쉽게 받아들여지기는 어렵다. 많은 성인들은 가족을 부양해야 하고, 기존의 생활을 유지해야 하기 때문에 일시적으로 소득의 감소를 견뎌내는 선택을 하는 경우를 가정하기란 쉽지 않다.

결국 인적 자본론에 기초한 평생교육으로는 사회적, 구조적으로 열악한 위치에 있는 사람들의 현실적 상황을 극복하고 변화시키기란 어렵다. 인적 자본론에 기초할 때 일터에서의 학습은 학습자 개개인을 시장경제체제에 더욱 깊숙이 개입하도록 하기 때문에 자본주의적 행동규칙이나 노동규율을 따르도록 하는 학습을 자발적이든 혹은 강요된 것이든 강조할 가능성이 크다. 베버(Weber)의 지적처럼 노동자들은 스스로의 자발적 강제성 때문에 '그 자신의 혹독한 감시자'가 되는 것이다.

뿐만 아니라 시장주도 평생교육은 학습활동의 상업주의화를 특징으로 하는 소비주의 사회에서 위력을 발휘한다. 소비주의 사회란 소비사회의 특징이 일상생활의 영역으로 발현되어 나타난 문화 양식으로 그 구성 요소의 많은 부분이 상품화되어 있는 사회를 말한다. 개인의 소비 행위는 단순한 욕구 충족을 위한 행위를 넘어서 각 개인의 정체성을 형성하고 행위 양식을 결정하는 계기가 되고, 나아가 타인과의 사회적 관계를 맺는 중요한 매개체로서 기능한다. 보들리아드에 따르면, 소비는 자신과 다른 사람을 구별짓는 분류 및 사회적 차이화의 과정이다.

따라서 소비나 오락에 대한 태도가 학습, 미래, 그리고 정부에 대한 태도나 행동을 결정한다. 교사나 정치인에 대한 평가가 마치 무대 위의 배우를 평가하는 것과 같이 간주된다. 대량소비시장에서의 상품을 평가하는 것과 유사한 태도이다. 교육적 가치와 의미 혹은 정치적 노선이나 이념적 입장이 아니라 연기력이나 외관상의 매력 혹은 겉치레가 평가의 중요한 수단이 된다. 문제는 이러한 소비가 사회적 구별(차이)을 강화한다는 점이다. 평생교육도 사람들에게 그들 자신의 경계를 알리는 하나의 신호이자 상징이다.

1980년대 이후 평생교육의 급속한 팽창은 경제적 성장으로 인하여 증대된 중산층의 강렬한 자기개발 요구에 대한 반응이기도 하였다. 경제적으로 여유로워진 중산층, 특히 여성들은 개인적 시간의 소비에 대하여 관심을 갖게 되었고, 이러한 욕구를 학습을 통하여 해소하고자 하였던 것이다. 국민 경제의 전반적 수준 향상과 새로운 경제적 여유 계층의 출현은 오래 동안 상층 계급의 전유물로만 여겨졌던 '교양'에 대한 열망을 키웠으며, 갈증을 해소할 방법을 모색하고 있던 사람들에게 평생교육원은 그러한 기능을 적절히 수행하는 곳이었다. 1980년대 중반 이후 대학 부설 평생교육원의 증가는 이러한 증대된 교양교육에 대한 열망과 학습활동의 상품화가 만난 결과라고 볼 수 있다(강순원, 1997). 이러한 중산층의 자기개발에 대한 욕구가 비형식적 교육으로서의 성인계속교육 영역의 팽창으로 나타난 것이었다.

이와 같은 평생교육의 소비화를 빗대어 한준상은 현재의 평생교육이 '학습미식가'를 기르는 것에 불과하다고 보고(2001b:

118)), 나아가 현재와 같은 평생교육은 일종의 호객행위를 하고 있다고 비판한다. 그의 비판은 바로 평생교육의 소비 대상화 나아가 과시적 소비화 경향을 지칭하는 것이라고 볼 수 있다. 이러한 우려에도 불구하고 이미 평생교육은 사회적 신분을 나타내는 사회적 차별을 위한 수단적 기능을 강하게 담당하고 있다. 특히, 형식적 평생교육은 주로 경제적 및 사회적 부와 권력이 집중된 도시 지역을 중심으로 형성·발전되고 있으며, 이는 평생교육이 많은 사람들의 기대와는 달리 학교교육의 신분화를 따라가고 있는 것이다. 오늘날 평생교육은 가장 각광받는 상품 시장의 하나가 되고 있다. 이제 평생교육은 일상품이 되고 있다.

투자형 사회적 자본: 최근 합리적 행위자에 기초한 인적 자본론 자들은 사회적 자본에 상당한 관심을 보이고 있으며, 실제로도 사회적 자본은 일부 경제학자들에게 유용한 분석방법을 제공하고 있다. 경제학자들은 사회적 자본을 인적 자본에 의한 경제적 설명력의 한계를 극복하기 위한 도구적 개념으로 간주하는 경향이 있다. 이들은 사회적 네트워크에 참여하는 것은 개인의 투자결정의 결과라고 이해한다. 이에 비하여 사회적 자본의 다른 요소들인 규범이나 신뢰에 대해서는 별다른 관심을 기울이지 않는다.

베커는 사회적 자본을 인정이나 위신 등과 같은 비물질적인 사회적 가치의 집합으로 정의하고, 개인들이 자신이 기대하는 효용을 극대화할 수 있는 사회적 자본의 유형과 수준을 선택한다고 생각한다(Becker, 1996). 이처럼 퍼트남이나 콜만 등과 달리 사회적 자본을 자신의 효용을 극대화하기 위하여 선택하는 개인

적 선택의 결과로 보는 것은, 사회적 자본의 내재적 가치보다는
그것이 다른 것에 비해 더욱 높은 효용성을 갖는 투자재라고 간
주하기 때문이다. 즉, 경제적 행위자로서 개인은 다른 어떤 재화
나 자본에 투자하는 것보다 사회적 자본에 투자할 경우에 더욱
많은 경제적 효용을 얻을 수 있을 것이라고 생각할 때 사회적
자본에 투자한다는 것이다. 이들이 사회적 자본을 도구적으로 바
라보면서도 사회적 자본에 관심을 기울이는 것은 사회적 자본의
경제적 효과 때문인 것이다. 이런 점에서 경제적 기대효과를 가
지고 인맥을 형성하는 수단으로 평생교육을 활용하는 것은 사회
적 자본을 도구적으로 바라보는 관점이 되는 셈이다.

 이 입장은 인간이란 언제나 합리적으로 선택할 수 있다고 가
정한다. 따라서 이러한 합리성에 대한 가정이 위협받게 되면, 합
리적 투자로서의 사회적 자본이라는 개념은 한계에 직면하게 된
다. 그러나 인간의 합리성은 불완전하고 제약되어 있으며, 상황
과 조건에 따라 달라질 수 있다(이재열, 1994: 39). 이런 점에서
사회적 자본은 항상 인간의 효용을 극대화하는 것이 아니라, 동
시에 개인의 효용극대화를 촉진할 수도 반대로 제약할 수도 있
는 것이다.

 스타베렌은 사회적 자본이 기능적 혹은 도구적 가치, 즉 공리
주의로 설명될 수 없는 이유를 제시한다(Staveren, 2000: 3-5).
이기적 효용 극대화를 추구하는 행위자들은 사회적 자본에 투자
하지 않으며, 설령 투자한다 하더라도 행위자들은 사회적 자본의
근간이 되는 사회적 가치를 경시하기 때문에 사회적 자본은 이
내 곧 소멸되고 만다는 것이다.

국가 및 시장주도 평생교육의 한계

지금까지 평생교육에 영향력을 행사해 온 핵심적인 두 세력은 국가와 시장이었다. 평생교육은 주로 발전국가에 의해 '동원'되었거나 아니면 이기적 개인을 위하여 '소비'되었다. 국가의 통제 아래에서 자율적이고 협력적인 시민사회는 그 성장이 통제되었으며, 때문에 공동체적 협력의 근거이자 풍부한 교육적 자원인 사회적 자본은 사장되거나 적극적으로 은폐될 수밖에 없었다. 뿐만 아니라 경제적 합리성으로 무장한 이기적 개인의 학습요구를 중시하는 시장중심 평생교육은 사회적 덕성의 침식 혹은 민주주의의 부침이라는 집합적 딜레마를 초래하였다. 사회적 자본은 평생교육의 '동원화'와 평생교육의 '사유화'로 인한 자율적 시민사회의 교육력 손상과 공동체적 교육가치의 왜곡이라는 평생교육의 두 가지 문제를 해결하기 위한 대안적 논리로서의 가치를 지니고 있다. 평생교육을 국가와 시장에 전적으로 내맡기는 것이 아니라, 국가와 시장의 보완과 대안적 기능을 담당하는 시민사회가 주도적으로 담당할 수 있도록 하는 것이 필요하다.

그러나 여전히 국가는 교육과 관련하여 지도적 위치를 포기하지 않고 있다. 국가는 정당한 폭력의 독점, 국가기구의 법적·제도적 규칙 독점, 그리고 대외적 관계 기능의 독점 등을 기반으로 하고 있다. 하버마스에 따르면 국가는 시민사회의 안정과 평화를 보장하고, 개인의 자연권을 실현하기 위한 공적 권위를 말한다. 공공 영역으로서 국가는 사적 영역 밖에 존재하면서도 사적 영역을 보호하는 기능을 담당한다. 바로 이러한 특징 때문에 국가가 필요한 것이다. 더구나 권위주의 시대의 시장이나 시민사회는 국가에 대하여 종속적 위치에 있기 때문에, 국가의 의도와 의지가 완벽하게 실현될 수 있도록 국가의 대리인 역할을 수행해야 했다. 다시 말해 국가가 제도적, 물리적, 인적 자원에 대한 독점적 권한을 지니고 있기 때문에 정책결정과 집행과정에 시민사회와 시장은 자발적으로 참여하기보다는 강제적으로 동원되는 경우가 많았던 것이다. 사회적 자본 또한 마찬가지 운명이었다. 민주적 참여와 자발성 그리고 수평적 관계보다 강제적 동원과 수직적 종속관계가 국가발전을 위해 효율적이라는 이유로 강조되는 상황에서 사회적 자본의 형성을 기대하기란 어렵다.

교육적으로 국가는 국가적으로 필요한 인력을 교육, 훈련, 배출하는 종합적 인력관리체제를 관리하고 있다. 국가인력의 육성은 국가 존립의 정당성을 제공하는 질서와 안전 그리고 생존의 근거인 사회발전과 경제발전을 위한 필요불가결한 요건이다. 따라서 국가는 경제발전이나 사회발전을 강조하는 기능적 관점에서 평생교육에 접근하는 경향이 있다. 특히 '부국강병을 위하여 국가가 사회에 대한 장기적이고도 전략적인 개입을 하는 발전국가'의 경우에 이러한 경향은 더욱 두드러진다.

발전국가가 강조하는 대표적인 평생교육의 필요성에 대한 은유는 "세상은 변화하고 그러한 변화는 적어도 발전을 의미하는 것이며, 그러한 변화에 적절히 대처하는 것이 바람직하다"는 식이다. 앞에서도 지적한 바와 같이 변화나 발전은 가치있는 것으로 간주되며, 국가는 사회뿐만 아니라 국민들을 그러한 상태로 변모시키고자 '사명감'을 가지고 평생교육에 임한다. 여기에 '생

존'이라는 은유를 더하면 다음과 같이 꼼짝없이 그렇게 따라하지
않을 수 없게 되고 만다.

> 사실 변화하는 경제 환경 속에서 사람들이 살아남기 위해서는 두 가
> 지 선택 이외에는 별다른 현실적인 대안이 없는 상태이다. 그것은 첫
> 째로 낮은 지식수준의 직업을 통해 낮은 임금에 만족하거나, 반대로
> 높은 지식으로 창출되는 높은 임금을 획득하는 두 가지 선택 중의 그
> 어느 하나이다. 미래의 유망한 직업들은 한결같이 한 차원 높은 교육
> 과 학습을 기본으로 한다(한준상, 2000: 152).

무엇보다도 국가주도 평생교육은 국가경쟁력 향상이라는 국가
의 정치적 전략과 밀접하게 관련되어 있다. 최근에 국가적 수준
에서 수립된 평생교육 훈련을 위한 장·단기 발전 계획을 살펴
보면, 모든 국민의 평생 교육훈련 참여 기회를 확대시키기 위하
여 학습·진로·고용 정보 제공 및 서비스체제 구축이 중요한
과제로 제시된다(이정표, 2001). 국가주도 평생교육은 국민들의
직업적 능력을 개선함으로써 국가경쟁력을 강화하는 역할을 담
당해야 한다는 것이다. 사회적 공리를 증대함으로써 궁극적으로
개인적 삶이 개선될 수 있다고 주장한다.

따라서 국가는 평생교육에 대한 낙관적이고 만병통치약적 태
도를 보이는 경우가 많다. 예컨대, 1995년 김영삼 정부에 의해
발표된 제1차 교육개혁방안은 교육시기와 교육장소 및 교육기관
들 간, 그리고 대학교육의 개방을 주된 특징으로 하는 교육복지
국가(Edutopia)를 실현시키겠다는 것이 주된 메타포였다. 교육복
지국가는 '누구나, 언제, 어디서나, 원하는 교육을 받을 수 있는

평생교육체제를 의미하는 것으로 모든 국민이 삶의 질 향상과 자아실현을 극대화할 수 있는 사회'라는 것이었다.

국가주도 평생교육은 근대화 이론의 근대화 개념과 유사하다. 근대화 이론은 '모든 민족과 국민 그리고 지역에 공통적인 근대화의 경로가 존재한다'는 것을 전제로 한다. 보편적인 근대화의 상태가 있다는 것을 가정하는 것이다. 이러한 가정에 따르면 후발 국가는 선진국이 걸어간 근대화 경로를 따라가는 것이 발전이고, 그것은 당연한 일이다. 국가는 강력한 지도력을 바탕으로 이미 정해진 길을 효율적으로 따라가도록 사회의 모든 부문을 동원하게 된다. 뿐만 아니라 국가는 계몽적 태도를 지니고 있으며, 국민들은 국가의 지도에 따르게 된다.

근대화와 마찬가지로 발전국가는 평생학습사회에 대해서도 보편적인 모습과 경로가 존재한다고 생각할 가능성이 크다. 문맹률이나 성인인구의 교육 참여 등의 지표들이 세계적으로 표준화되고 있으며, 이러한 지표들은 평생학습사회에의 도달 정도를 의미하는 것으로 받아들여지고 있다. 이는 선진국을 이상적 상태에 가까운 '학습사회'로 설정하고, 그러한 상태로 나아가는 것이 후발 국가의 타당한 평생교육 정책이라고 생각한다. 이와 같이 평생교육에 대하여 직선적 태도를 취하게 되면 자연스럽게 변화-유지 혹은 발전-저발전 등의 이분법을 강조하게 된다. 결국, 평생교육의 정당화 논리로 단선적 발전관을 전제하는 것은, 이미 발전된 상태나 상황이 존재하기 때문에 변화의 내용이나 성격에 대해 관심을 기울이는 것보다는 변화에 대처하는 방법적 전략에 보다 많은 관심을 쏟는 결과를 낳는다.

그러나 발전국가가 가정하고 있는 유토피아 학습사회는 문제가 있다. '요람에서 무덤까지 학습'하는 학습사회는 도달해야 하는 목적지를 의미하는 것이 아니라 오히려 하나의 과정이라고 생각하는 것이 보다 적절하다. 학습사회는 실체가 있는 정적 개념이 아니다.

> 학습사회는 '학습된 사회'(learned society)라기보다는 '학습하는 사회'(learning society)라고 보는 편이 옳다. 평생학습사회는 '평생에 걸쳐 학습하는 사회' 혹은 좀더 정확히 말해서 '모든 사회 구성원들이 학습하는 사회'라고 할 수 있다. 말하자면, 학습하는 행위가 일상화되고, 삶의 모든 장면에 학습원리가 스며들며, 사회 제반 기반시설과 지원 시스템이 학습에 대한 촉진을 최우선 과제로 설정하는 사회를 말한다(한숭희, 2001a: 31).

한숭희는 '학습이 일상화된 상태'를 학습사회로 정의한다. 그런데 학습사회가 '미래'의 '유토피아'인가 아니면 '지금'의 '현실 상황'인가는 대해서는 논란의 여지가 있다. 1960 · 70년대 평생 교육론에서는 주로 학습사회를 유토피아로 설정하고 우리가 그곳으로 나아가는 여정에 있다고 보는 경향이 강하였다. 그러나 자비스(Jarvis, 2001: 203)는 학습사회가 유토피아가 아니라 분열되고 불화를 일으키는 사회라고 주장한다. 그가 보기에 현재의 평생교육은 학습과 성공의 긍정적인 측면만을 강조하지만, 우리를 학습사회로 이끈 사회적 힘들은 배제, 불안정, 그리고 부도덕이라는 상황을 쉼 없이 만들어낸다는 것이다. 아인리(Ainely)도 학습사회가 과연 '새로운 계몽주의 시대를 말하는가 아니면 새로운 전체주의 시대를 말하는가?'(A new enlightenment or a new Leviathan?)를 묻는다. 그는 작금의 논리에 기초한 평생교육 정책은 계몽주의보다는 오히려 전체주의로 변질될 가능성이 크다는 점을 지적한다. 우리는 지식과 정보의 획득이라는 평생교육이 고르디우스의 매듭을 끊은 알렉산더 대왕의 '칼'일 것이라고 기대하지만, 국가와 시장의 역할에 대한 무비판적 수용을 전제로 하는 평생교육은 근본적인 문제를 해결하지 못하고 있다는 것이다. 바로 국가 및 시장주도 평생교육론의 이러한 딜레마에 대하여 시비(voice)를 걸지 않은 채, 오직 평생교육은 변화와 미래를 위해 가지 않으면 복종의 길(loyalty)처럼 강조되고 있을 뿐이다.

더구나 그것이 설령 '유토피아'라고 하더라도 모든 사람들에게 해당되는 것은 아니다. 사회적으로 지위가 낮거나 장애가 있으며 여성들처럼 경쟁력이 떨어지는 개인들에게 새로운 환경, 학습사회는 기대하는 것처럼 우호적이지 않다. 더구나 그들이 새로운 기술에 숙달하여 경쟁력을 갖춘다는 것은 어려운 일이며, 오히려 지독한 냉소주의(cynicism)만을 학습한 무기력한 사람(the depressed)으로 전락할 가능성이 크다(Giroux, 2001).

그럼에도 불구하고 이들에 대한 국가와 시장의 관심은 매우 제한적일 수밖에 없다. 왜냐하면 이들에 대한 노동시장은 점점 줄어들고 오히려 전문지식과 창의력을 갖춘 고급 인력에 대한 사회적 수요가 더욱 증대될 것이기 때문이다. 특히 시간제 근로자나 비정규직 노동자의 증가는 평생교육에 담긴 낙관적 기대를 무색하게 한다. 실제로 다양한 경제적 지원을 통하여 노동자들의 자율적 직업능력개발을 촉진하고자 하는 정책 당국의 의도와 달

리 현실적으로 그것이 실현될 가능성은 그렇게 높지 않다. 사회
적 공리의 증대를 우선적으로 생각하는 국가주도 평생교육이나
개인의 사적 이익을 강조하는 시장주도 평생교육 모두 '유토피
아'인 학습사회 밖의 '디스토피아'에 사는 사람들의 교육적 처지
를 개선하는데 관심을 기울이지 않는다. 이처럼 시민사회가 배제
된 채 국가 및 시장주도로 이루어지는 평생교육을 통해서는 상
호존중과 공동체성 등을 내용으로 하는 사회적 자본이 형성될
가능성이 낮을 수밖에 없는 것이다.

제5장 대안적 평생교육의 패러다임과 사회적 자본

대안적 평생교육의 요청

시민사회의 평생교육

시민사회는 국가 및 시장의 한계를 극복하는 기능을 담당할 것으로 기대된다. 에런버그(Ehrenberg, 2002, 364)에 따르면, 시민사회는 "공격적인 국가를 제한하고, 시장의 파괴를 줄이며, 죽어가는 공공영역을 부활시키고, 괴로움에 지친 가족들을 구하며, 공동체 생활을 부흥시킬 의무가 있다." 굴드너(Gouldner, 1984: 420)도 시민사회에 대한 관심이 필요한 이유를 다음과 같이 표현하고 있다.

> 공공 영역을 강화시킬 수 있으며, 거대한 괴물과 같은 국가로부터의 안전망과 그에 대한 저항의 구심점을 제공할 수 있는 강력한 시민사회가 없이는 현대 사회에서의 어떠한 해방도 불가능하다.

그러나 국가-시장-시민사회는 확연히 구별되는 독립된 영역들이라고 말하기 어렵다. 시민사회라는 개념은 공공영역과 사적 영역의 관계, 삶의 개인화 과정과 민주주의의 관계, 그리고 생활정치와 대의제의 관계 등에 두루 관련된다. 바꾸어 말하면 이 개념 은 개인적 삶의 사사로움과 사회의 여러 공적 이익을 연결하는 매개항이라는 메타포를 지니고 있다. 사실 시민사회는 국가나 시장의 한계를 통해서 의미를 획득하는 개념이지 그 자체가 어떤 독립적인 사회적 공간을 규정하는 것으로 받아들이기는 어려운 점이 많다. 실제의 사회적 공간은 복합 시스템 속에 서로 연결되어 있는 장들로 구성될 뿐이며, 시민사회가 국가나 시장으로부터 실질적으로 분리되어 자기 논리에 의해 움직이는 것은 아닌 것 이다(박형준, 2001: 19; Meyer & Boyd, 2001: 17).

보울스와 진티스(Bowles & Gintis, 1998: 11-16)는 국가-시장-시민사회와 관련하여 널리 확산되어 있는 세 가지 편견을 다음과 같이 지적하고 있다. 첫째, 경쟁적 시장이 실질적 재화의 희소성을 측정하여 가격을 결정하며, 이 때문에 시장이 자원을 효과적으로 배분할 것이라는 생각인데, 대부분의 경우는 그렇지 않다. 둘째, 민주사회에서 국가 개입이 시장이 실패한 곳에서 재화와 서비스의 사적 공급을 보다 효과적으로 대신할 수 있다는 생각이다. 그러나 재화와 서비스의 생산과 전달에서 국가의 실패는 시장의 실패 못지않게 도처에서 발견된다. 셋째, 대개 사람들은 공동체를 무정부적으로 바라보는 경향이 있으며, 공동체가 견지하는 사회적 가치가 무엇이든 관계없이 최소한의 기여를 할 것이라고 가정한다. 그러나 공동체는 상호작용 하는 개인들의 집합을 의미한다. 공동체의 지배구조가 시장과 국가의 하위 부분으로 포함될 수 없는 반면에 그들의 실행 능력은 기본적으로 국가와 시장의 구조에 의존하며, 특히 국가와 시장 구조에 영향을 받는 재산권의 분배와 성격에도 영향을 받는다. 결국, 국가, 시장, 시민사회 중에서 어느 하나만을 선택해서는 안 되며, 그러한 선택을 통해서는 문제를 해결할 수 없음을 분명히 한다(Bowles & Gintis, 1994: 222).

이런 점에서 사회적 자본이 비록 시민사회에서 발생된다고 하더라도 결국에는 그것이 국가로 확장되고(Putnam, 2000a), 시장으로 외연이 확대(Fukuyama, 1996)될 수밖에 없는 것이다. 결국 시민사회는 국가와 시장의 실패를 보완할 수 있는 중요한 역할을 지니고 있으며, 나아가 평생교육의 건강한 발전을 위하여 필수적인 공간이자 평생교육의 주체이다.

<표 5-1> 국가-시장-시민사회의 특징과 평생교육

국 가	시민사회	시 장
폴리스(polis)	오이코스(oikos)	아고라(agora)
분 배	선 물	교 환
공적 가치	관계적 가치	개인적 가치
권 리	사회적 네트워크	자 유
동원형·복지형 평생교육	성찰적·공동체적 평생교육	자유적·공리적 평생교육

주: Staveren(2000: 10)을 참고로 작성.

평생교육과 관련하여 시민사회는 여전히 주변적인 것으로 가볍게 다루어지고 있지만, 그것은 경쟁적인 시장사회의 폭력과 과도한 개인화를 방지하고 권위적 국가에 의해 억눌린 자율적 존재를 해방시키는 기능을 하게 될 것이다. 즉, "정직이란 정직에 가치를 두는 사람들로부터 나오고, 우정은 우정을 중시하는 사람들로부터 나온다. 반면에 이익을 따지는 공리주의적 우정은 대단히 믿기 어려우며 집합적 행동을 어렵게 하는 기회주의와 위선적 태도를 의미한다"는 아리스토텔레스의 지적처럼, 평생교육 또한 공존과 협동 그리고 잘삶에 대하여 가치를 부여하는 사람들로부터 시작되어야 하며, 그러한 것들을 기르려는 노력이 평생교육의 과제가 되어야 하는 것이다.

더군다나 평생교육은 경제적, 정치적, 그리고 사회적 역할을 동시에 요청받고 있다. 중요한 사실은 이러한 서로 중첩되는 역할은 다른 하나를 희생함으로써 얻어질 수 있는 것이 아니며, 서로 보완적인 관계를 통하여 달성될 수 있는 것들이다. 채프먼과 아스핀(Chapman & Aspin, 2000: 7)은 평생교육의 경제적, 정치적, 그리고 사회적 역할을 일컬어, '평생교육의 삼각 성격'(triadic nature of lifelong learning)이라고 부른다. 평생교육은 경제적 성장과 발전 기능, 개인적 성장과 발전 기능, 사회적 포용성과 민주적 이해 그리고 활동기능의 세 가지 기능을 가지며, 경제적 역할은 주로 시장이, 정치적 역할은 주로 정부가, 그리고 사회적 역할은 시민사회가 주축이 되어 담당하는 것이 바람직하다는 입장이다. 따라서 이러한 '세 축'이 평생교육과 관련하여 협력적 관계를 구축할 때 평생교육은 딜레마와 한계를 극복할 수 있는 것이다.

'사회적' 의미의 재발견

지금까지의 평생교육은 주로 개인적 활동으로 간주되고 있으며, 사회적 시간과 노력에 대한 관심이 적다는 점을 비판받고 있다. 물론 평생교육의 개인화가 항상 이익추구적 행위자로서의 개인주의의 강화만을 의미하는 것은 아니지만, 개인화는 불가피하게 학습효과를 개인적 차원에서 바라보게 한다(Beck, 1998). 자기주도적 학습이나 학습자의 자기 성장과 발전 그리고 비판적 의식에 이르기까지 평생교육에서 논의되고 있는 담론의 대부분은 개인적 차원의 효과를 강조한다는 공통점이 있다. 이는 평생교육이 지나치게 심리주의와 개인주의에 의존하기 때문에 나타난 현상이다. 사람들은 평생교육이 '자기'가 '자기확신'과 '자기반성'을 통하여 '자기만족'을 추구하는 개인적 활동이라는 생각을 일반적으로 갖고 있다.

> 성인학습론이 상정하는 성인은 아동에 비해 학습에 있어서 자기주도적이며, 내재적 동기가 강하고, 환경과 능동적으로 상호작용하며, 생활문제를 중심으로 학습하며, 자기 확신과 자기반성의 특징을 가지고 있는 것으로 밝혀졌다. 즉, 대부분의 성인학습론은 성인학습자를 학습장면에서 자기 자신에 대해 긍정적 견해를 가지며, 일상의 생활문제에 대해 관심을 가지고, 스스로 학습목표를 수립하고, 주위의 인적·물적 자원을 능동적으로 활용하면서 그 문제를 해결하는 과정에서 학습의 과정을 되새겨보며, 학습활동 자체에 만족을 갖고 계속적으로 학습해 나가는 존재라는 것을 상정하고 있다(여태철, 1999: 122).

물론 학습자의 자율성과 자기주도적 학습이 교육적 혹은 도덕적으로 정당화될 수는 있지만, 동시에 그것들은 교육, 사회, 그리고 인간에 대해 윤리적으로 공허한 개념으로 전락할 수도 있다. 개인적 효과를 강조하는 자유주의적 평생교육은 주로 개인적 변화나 자아의 유지와 개발에 관심이 많다. 평생교육이란 개인 자유의 신장, 개인 이해와 관심을 추구하도록 돕는 활동으로, 자유교양교육 등을 중시하는 활동으로 이해된다. 따라서 개인주의 적이고 공리적인 평생교육론에는 권력이나 '사회적'(the social) 인 것에 대한 관심이 적다. 상황을 지나치게 객관적으로 개인적으로 그리고 기능적으로 정의하고 있다는 것이다. 평생교육은 개인적 효과뿐만 아니라 사회적 효과라는 점에서도 바라보는 것이 중요하다(Schuller et al., 2002).

개인주의적 평생교육은 결과적으로 평생교육의 사회적 의미를 약화시킨 것이다. 지루(Giroux)는 사회적인 것의 위기를 극복하는 중요한 방편이 시민의 사회적 참여를 촉진하는 것이며, 이를 위하여 형식적 및 비형식적 교육의 중요성을 강조하였다.

> '사회적'(the social)의 위기는 공적 신뢰의 수호자로서 국가의 퇴각에 의하여 증폭되었으며, 아울러 공공재를 증진하는 사회적 삶의 영역들에 대한 계속되는 투자 후퇴로 인하여 더욱 촉진되었다(Giroux, 2001: 22).

더구나 모든 개인의 자유와 선택을 강조하는 것처럼 보이지만 실제로는 자본의 자유를 의미하는 신자유주의의 발흥은 사회질서와 안정 그리고 변화를 관리하는 국가의 존재와 역할은 물론이고 복지와 공동체의 삶을 중시하는 시민사회의 존재와 역할을 최소화하고자 한다. 대신에 시장을 통한 자유와 사회발전의 자율적 조절 기제로서 시장의 가치만 있을 뿐이다. 경제적 자유와 시장의 과잉을 초래하고 있는 것이다.

평생교육 또한 이러한 흐름으로부터 자유롭지 못하다. 심지어 자유주의적 평생교육과 신자유주의적 평생교육은 구별 없이 동일한 것으로 간주되는 경향이 있다. 그러나 국가의 개입적 복지국가 역할에 대한 비판으로 시장 기능의 확대와 경제적 가치를 강조하는 신자유주의와 국가에 의한 개인의 동원과 일상적 삶의 식민화를 비판하고 개인 자유와 인격적 존엄성을 강조하는 자유주의 평생교육은 명확히 구분할 필요가 있다.

자율적 개인들을 발전시키는 평생교육을 통해 사회와 시민들이 건강해지고 한 단계 도약하는 것도 중요하고 의미있는 일이다. 그러나 개인적 성장과 사회적 성장은 분리될 수 있는 성질의 것이 아니다. 헌팅턴(Huntington, 1997: 417)은 오늘날 우리가 관심을 보다 기울여야 하는 것은 경제발전이나 인구보다 윤리의식의 약화, 문화적 쇠락, 정치적 분열이라고 주장한다. 사실, 이들 문제는 개인적 차원이 아닌 사회적 차원의 것이다. 앞서 지적한 것처럼 '사회적'이란 '한 문화의 기초를 형성하는 인간관계, 감정, 그리고 가치의 복잡한 네트워크'를 말한다. 우리는 사회를 객관적인 대상이라고 인식하기 쉽지만, 다른 한편으로 사회는 경계가 있는 실제가 아닌 사회성이라는 다양하게 공유되는 감정들, 집단적 결속, 그리고 관습이 상호작용 하는 열린 공간으로 (Armstrong, 2000: 1, 4), 자아와 정체성을 구성하는 계속적인 과정의 중요한 한 부분이다. 시민사회와 시민이 배제된 평생교육은 이러한 '사회적'인 것의 내용이자 토대가 되는 사회적 자본을 형성하는데 적극성을 보이기 어렵다.

평생교육의 성찰성

대안적 평생교육은 오래된 교육전통에 대한 진지한 반성과 미래 삶의 조건에 대한 속 깊은 모색으로 '성찰성'(reflexivity, 성찰성은 그 빈번한 사용에도 불구하고 개념적 이해가 분명하게 드러나지 않는 경우가 많다. 벡은 성찰성을 크게 두 가지 의미로 구분하여 정리하고 있다. 그 하나는 근대화 과정의 토대, 결과, 그리고 문제에 대한 지식(반성)과 관련된 성찰이고, 다른 하나는 본질적으로 근대화의 의도하지 않은 결과에 대한 성찰이다. 벡은 전자를 근대화에 대한 좁은 의미의 '반성'으로, 후자를 근대화에 대한 넓은 의미의 '성찰성'을 의미하는 것이라고 주장한다)을 특징으로 한다. 17세기 이후 계몽주의가 어둠에 갇힌 인간의 해방과 계몽을 강조하면서 근대교육 담론을 출현시켰던 것처럼 최근의 성찰성 담론은 도구적 사고와 통제로부터 자유로운 인간을 강조하면서 이기적 개인주의에 눌려있던 사회적 책임과 공공성의 복권을 중시한다고 할 수 있다.

인간 역사상 처음으로, 새로운 유형의 보편적 인간으로서 '공부하는 인간'(Homo Studiosus)을 창조하려 한 위대한 휴머니스트들의 오랜 꿈이 현실화되고 있다(Schaff, 2002: 200-201). 어떤 의미에서 보편적 인간은 필연적인 존재가 된다. 오늘날 취학 의무가 그런 것처럼, 지속적인 학습이 사회적 의무가 되어가고 있다. 이제 평생교육은 기본적인 생존기제(Field, 2000: 118-119)이며, 불평등한 성공의 열쇠로 간주되고 있다. 평생교육의 중요성에 대한 인식에 따라, 평생교육은 국가단위 교육훈련 제도를 개혁하고 있다. 평생교육은 후기 현대사회의 거버넌스를 변화시키는 많은 요인들 가운데 하나로서, 광범한 정책적 합의를 도출하고 있는 개념인 것이다.

전통적으로 국가와 시장이 평생교육을 통해 길러지기를 바라는 인간형은 '호모 파베르'(Homɔ Faber, 工作人. 즉, 합리적으로 활동하는 기술경제인)이었다. 국가에게 평생교육이란 유익하고 불가피한 과학기술적 변화에 대한 불편부당한 반작용이다. 그들은 지식과 정보의 사회·경제적 중요성이 증가함에 따라, 새로운 정보통신기술의 놀라운 영향으로, 다국적 기업의 확장이나 세계경쟁의 강화와 같은 세계화의 소용돌이 속에서 나타나는 기회와 위협에 대한 해법으로서 평생교육을 받아들인다.

호모 파베르들에게 평생교육이란 본질적으로 '경제적인' 것이다. 학습의 목적과 성격은 일에 대한 일반적 혹은 구체적 준비로, 근로자의 훈련과 개발 필요를 충족시키는 기술최신화로 해석된다. 때문에 평생교육에 대한 논의의 초점은 도구성, 형식적 자격, 실용, 책무성에 맞춰진다. 아울러 평생교육과 관련한 많은 정책들은 사회적 문제보다는 인적 자본에 초점을 둔 경제적 문제를 강조한다. 평생교육은 경쟁적 우위를 위한 조건으로서, 더욱 생산적이고 효과적인 인력을 개발하는데 쏠리고 있는 것이다. 국가와 시장주도의 평생교육은 더 이상 개인과 사회의 해방의 수단이 아니라, '투자' 혹은 '소비'로, '투입'과 '산출'로, 시세 있는 혹은 시세없는 '저량'으로 간주되고, 개인적 및 사회적 '회수율'로서 그 가치가 평가된다(Coffield, 1999: 485). 화이트 (White)도 작금의 공리적 평생교육이 물질적 재화는 가져다주지만 공동체, 관계, 용기, 예술경험 등과 같은 것들은 제공하지 않는다고 비판한다.

> 공리주의적 기획가들이 윤리적 통찰력을 갖고 있다고 믿지는 않는다. 특히 경제적 차원에서 국민들의 잘삶을 경제발전의 증대나 감소로 정의하는 것은 통하지 못할 것이다. 경제성장은 우리들에게 안락함과 쾌락을 제공해줄 수 있다. 경제성장은 우리에게 필요한 일부 기본적 재화, 즉 주택, 의복, 음식, 깨끗한 물 등의 공급에 기여할 수 있다. 경제성장은 그 나름의 방식으로 타인들이 부러워할 재화를 제공해 줌으로써 자긍심을 높여줄 수 있다. 그러나 사고파는 재화를 단순히 소유한다고 해서 그런 사람에게 친밀한 관계, 용기, 공동체에 대한 이타적 성향, 자기이해, 자율성, 평등한 정치권력, 언론의 자유, 예술경험 등과 같은 것들이 제공되는 것은 아니다(White, 2002: 234-235).

도구적 가치와 논리에 기초한 편협한 평생교육은 앞만 보고 달리도록 눈가리개를 한 경주마의 질주를 연상시키는 일종의 터널시야(tunnel vision)로서 결국 부정적인 결과를 낳는다. '돌진적' 혹은 '단순' 근대화 과정에서의 평생교육은 물질적 재화를 축적하는 수단이었고, 따라서 학습자들이 학습에 참여하는 이유의 대부분은 일과 관련된 것이었다. 이와 같이 특정한 요인에 지나치게 집중된 평생교육은 교육정책을, 학습자들의 학습과 삶을, 그리고 사회적 자본을 왜곡시킬 우려가 있다.

뿐만 아니라 평생교육의 도구성은 사회적 불평등과 배제를 조장하는 부정적 결과도 초래한다. 특히 평생교육의 효용이 한계에 처하게 되면서, 사회적 약자들은 더욱더 어려운 처지에 놓이게 된 것이다. 특정 집단이 사회적, 경제적, 문화적, 그리고 정치적인 삶에 완전히 참여하지 못하는 일종의 사회적 배제(social exclusion) 과정이 확대된다. 개인이나 사회 집단의 주변화는 단순히 소득의 박탈 때문만은 아니다. 왜냐하면, 사람은 사회적으로 배제됨이 없이도 가난할 수 있고, 가난하지 않지만 배제될 수 있기 때문이다.

학습사회의 시민들은 자신의 가치와 정체성을 희석시키고, 가족을 흩어지게 하고, 공동체를 해체하고, 작업장 내의 유기적 관계를 변질시키게 된다. 학습사회에는 구성원들을 고립시키고 원자화하는 불신과 반사회적인 개인주의가 팽배하다. '너의 삶은 네가 책임지라'는 정언명령은 이제 경제적 삶뿐만 아니라 학습이나 사회생활 등의 다방면에서 수용되고 있다. 이제, 우리는 대단히 개인화되고 소비자 위주로 확대된 학습세계에서 산다. 학습은 라이프스타일이고, 패션이고, 적극적인 소비인 것이다. 그런 가운데, 지적 보헤미아니즘은 불가피하고, 모든 지식은 상대적인 것이 된다. 학습사회의 시민들은 과대·과장 광고된 평생교육에 매력을 느끼고, 자신의 부족한 부분을 충족시키고자 하는 바램으로 학습시장에 끌린다. 학습이 팔리기 위해서는 재미있어야 하고, 학습과 오락은 서로 옷을 빌린다. 개인주의화와 함께, 평생교육은 계몽, 사회적 개선, 그리고 사회적 목적을 상실해 가고 있다.

어느 순간부터인가 우리는 인간으로서의 중요성, 즉 남에게 필요한 존재라는 의미를 명백하고도 잔혹하게 감소시킨다(Sennett, 2001: 213). 우리는 정의, 평등, 풍족한 생활에 대한 낙관론과 확신을 갖고, 신뢰가 없더라도 세계는 큰 문제없이 잘 굴러갈 것이라는 순진한 생각을 갖는다. 모든 시스템이 잘 갖춰진 듯한 현대 세계에서, 즉 신뢰를 필요로 할 만한 이유가 전혀 없는 그런 곳에서는 무관심이 확산된다.

국가 및 시장주도 평생교육에 따른 문제들은 전통적인 정책이나 이념에 대한 비판과 대안 정책 개발을 위한 진지한 반성을 요구한다. 이러한 비판으로부터 국제기구들도 예외가 아니다. 세계은행은 그 동안 빈곤을 가중시키는 경제정책을 지지하였다는 비난을 받으며, 경제개발로 인해 초래된 많은 부담을 사회적 약자에게 전가하고 있다는 비판을 받는다. 20세기를 지배한 국가와 시장주도 발전모델은 많은 약속들을 하지만, 많은 문제들이 여전히 해결되지 못한 채로 있다. 오히려 인류는 극히 난해하고 복잡한 환경파괴, 차별, 문맹, 폭력, 빈곤, 소외와 냉소주의 등의 세계적 문제군에 직면하고 있다. 이제 우리에게는 '국가에 모든 것을 맡기라'거나 '시장에 모든 것을 맡기라'는 식의 배타적 발전모델 대신에 성찰적 패러다임을 필요로 하고 있는 것이다.

대안적 평생교육과 사회적 자본

호혜적 학습인(휴먼웨어 개념의 확장)

시민사회의 시민들은 자율과 연대 능력을 갖추고 적극적으로 시민사회에 참여하는 능동적 학습인이다. 시민사회의 시민들은 사회적으로 배제된 사람들이 삶의 불평등을 극복할 수 있도록 자기가 가지고 있는 다양한 자원을 공적 자산으로 간주하는 사람들이라고 할 수 있다. 이처럼 시민사회에서는 기본적으로 '사회적 개인', 즉 '사회적 인간'을 강조한다. 샤프에 따르면, 인간은 다음과 같은 이유 때문에 '사회적 개인'(gesellschaftliches Individuum)이다.

> 우리는 인간 개인이란 항상 사회적 개인이라는 주장, 다시 말해서 인간 개인과 사회의 결속은 그가 받아들이는 가치와 행동규범의 체계가 발생하는 데에서 표현될 뿐만 아니라 그의 자세에서도 표현된다는 주장으로부터 출발하고자 한다. 간단히 말해서, 개인은 역사적 형성물 ─ 또는 달리 말해서, 사회적 관계들의 산물 ─ 이다(Schaff, 2002: 164).

결국, "모든 개인은 사회적 개인이다"(Schaff, 2002: 167). 샤프가 강조하는 사회적 개인으로서 인간은 '공부하는 인간─ 삶의 의미를 추구하는 개인'이다. 이러한 인간은 시민사회의 학습인과 일치한다. 시민사회의 평생교육은 공동체의 가치를 중요하게 생각하는 시민을 양성하는 일을 담당하여야 한다. 평생교육은 자신의 역할을 감당할 수 있는 사고방식과 태도를 갖춘 시민, 공공선을 위해 집단적으로 참여하는 사회의식 있고 도덕적으로 명확한 태도를 가진 학습인을 요청한다. 그들은 단지 소비자가 아니라 창조자이자 건설자이며, 동시에 적극적이고 효과적인 학습자이자, 문제 해결자이자, 사회변화의 씨앗이다(Wilson, 1997: 746). 이런 점에서, 시민사회의 학습인은 적어도 다음과 같은 특징을 가져야 한다: 첫째, 공적 책임과 사회적 책임을 갖춘 학습인, 둘째, 자율적 학습능력을 갖춘 개인과 사회, 특히 성찰적 학습능력을 갖춘 시민의 형성, 셋째, 개인적 삶과 사회적 삶을 통합할 수 있는 학습인, 마지막으로 개인의 학습권을 공동체의 시민권으로 확대할 수 있는 능력을 갖춘 학습인이다.

여기에서는 시민사회의 학습인으로 '확장된' 휴먼웨어 개념을 제시한다. 권대봉(1992, 1996, 1998)은 휴먼웨어(Humanware)를 다음과 같이 정의하고 있다.

> 사람이 하드웨어와 소프트웨어를 이용하여 상품이나 서비스를 제공할 때 보유하고 있는 제 자원을 적절한 양으로 적절한 때에 적절한 순서로 활용하는 기술과, 여기에 **사람들과 잘 어울리고 섞이는 인간관계 기술까지 포함하는 사람의 기술**이다(권대봉, 1992: 12-13, 강조는 인용자).

권대봉에 따르면 휴먼웨어는 '사람의 기술'을 의미하는 것으로, 인적 자본이 단지 사람을 하나의 대상으로 바라보았다면, 휴먼웨어는 사람을 주체로 바라본다는 차이가 있다고 주장한다. 휴먼웨어의 개념을 체계적으로 분석한 신범석(2001: 13-15)은 휴먼웨어 개념 속에는 하드웨어와 소프트웨어에 대한 사람의 '자원활용기술'과 다른 사람과 잘 어울리는 사람의 '관계기술'이라는 두 가지 의미가 내포되어 있다고 본다. 권대봉의 정의와 신범석의 해석은 휴먼웨어를 기본적으로 개인적이고 심리적 차원에서 접근하고 있다는 특징이 있다. 예컨대, 휴먼웨어를 '각 개인의 인격적 가치를 바탕으로 하는 인격적 만남'(권대봉, 1996: 14)으로 이해하거나 그 중심 성격을 '인격성'으로 바라보고, "철저하게 사람 속에 내재된 인적 속성을 가지고 있으며, 그것이 사람 속에 내재된 사람의 기술이라는 점에서, 사람 속에 프로그램화된 기술"이라고 정의하는 것(신범석, 2001)이 그것이다. 특히, 권대봉은 휴먼웨어가 다음과 같이 인간관계를 중요하게 생각하는 한국에서 사회적 삶을 살아가는 데 중요한 역할을 담당한다는 점을 강조하고 있다.

> 우리는 흔히 같은 직장에 근무하는 사람들끼리 "한솥밥을 먹는 식구"라고 이야기하는 독특한 한국적인 문화적 배경을 갖고 있다. 직장에서 "한솥밥을 먹는 식구"들이란 생각을 가진 조직의 구성원에게는 생산성 향상을 위한 교육과 더불어 운명 공동체인 "한솥밥 식구"로서의 교육 또한 필요하다(권대봉, 1998: 33).

그러나 휴먼웨어는 사회적 자본과 유사한 점이 있지만, 자칫 신뢰와 공공선보다는 사적 연고주의를 중시하는 개념으로 변질될 가능성이 있다. 인격주의와 신뢰를 중시하는 것이 아니라 음성적인 인정과 의리로 그 가치가 절하될 수 있는 것이다. '인격성'은 공적 신뢰와 투명한 절차와 함께 하지 않을 경우 음성적으로 변질된다. 실제로 생물학적 차원의 '운명 공동체'는 의리와 인정 그리고 사적 신뢰를 중시한다. 같은 집안, 같은 회사, 같은 학교출신, 같은 지역 등이 사회적 네트워크로서 개인적 혹은 조직의 이익을 산출하는데 중요한 기능을 담당하기는 하지만, 이는 오히려 합리적이고 자율적이며 투명한 시민사회를 형성하는 것과는 거리가 있다. 따라서 휴먼웨어의 배경이었던 '운명공동체'를 어떻게 투명한 공적 신뢰에 기초한 '자발적이고 참여적인 학습공동체'와 '민주적 시민공동체'로 변화시킬 것인가 하는 점이 중요하다. 이를 위하여 무엇보다도 개인적 차원의 '휴먼웨어'를 사회적 차원의 '관계적 휴먼웨어'로 확장시킬 필요가 있다. 기본적으로 개인적 자산으로 인식되는 휴먼웨어로는 희소성으로 인한 불평등과 사회적 갈등을 줄이고자 하는 시민사회의 요청에 부응하기 어렵다. 에찌오니(Etzioni, 2001: 107)는 사람들이 각자 가지고 있는 기술과 지식을 공유함으로써 인간 삶의 불평등을 초래하는 원인이었던 희소성이 종말을 고할 수 있다고 주장한다. 이러한 가능성은 학습인들의 자발적이고 민주적 참여를 전제로 할 때 가능하다. 사회적 자본을 순전히 개인이 소유하는 유무형의 자산으로 바라보지 않고, '시민의 공동체'가 공유하는 자산으로 인식할 필요가 있는 것이다.

이런 점에서 대안적 평생교육 패러다임의 학습인인 확장된 휴먼웨어는 '호혜적 인간'(Homo Reciprocans)과 가깝다. 보울스와 진티스는 사회적 불평등을 지속적으로 해소하기 위해서는 시장 합리성에 기초한 이기적인 경제적 인간(Homo economicus)에 대신할 대안적 인간관이 필요하며, 그것으로 '호혜적 인간'을 강조하고 있다(Bowles & Gintis, 1998: 365). 두 인간관은 몇 가지 점에서 차이가 있다. 먼저 '경제적 인간'은 이기적이고 본래적으로 사회성을 지니지 않으며, 단지 물질적 행복과 육체적 안전에만 오직 관심이 있다(Baptiste, 2001: 196). 이에 비하여 '호혜적 인간'은 타자 중심이고 복지와 결과를 중시하는 과정과 복지 지향적 인간을 말한다. 박정순(2001: 33)은 두 인간의 관계를 다음과 같이 정리하고 있다.

경제적 인간의 합리적 욕망의 추구가 인류사회를 이끌어 온 중요한 원동력의 하나임을 부인하지는 못할 것이다. 경제적 합리성이 후기 산업 사회에서도 여전히 안정과 번영을 위한 필요조건이기는 하지만, 그것은 충분조건은 아니다. 그밖에도 합리적 계산이 아니라 관습에 바탕을 둔 호혜성, 도덕률, 공동체에 대한 의무, 신뢰 등이 가미되어야 한다. 후자는 현대사회에서 시대착오가 아니며, 도리어 성공을 위한 필수조건이 될 것이다.

결국, 호혜적 인간은 협력하고 함께하는 것이 번영이나 발전과 더욱 관련이 있다는 새로운 인식의 결과이다. 또한 호혜적 인간은 높은 수준의 집합적 협동을 유지하고, 이기적인 무임승차 문제를 해결할 것으로 평가받고 있다. 이러한 호혜적 인간에게 중요한 것은 구성원들 간의 열린 대화와 의사소통이다. 의사소통은 구성원들 간의 주관적인 사회적 거리를 줄일 수 있는 조건을 제공하고, 높은 수준의 관대함과 협력을 지속시키는 힘이 된다.

개인적 학습과 사회적 학습의 만남

전통적으로 좋은 시민과 사회를 위한 교육은 국가에 의해 학교교육에서 전적으로 이루어져 왔다. 그러나 최근에 사람들은 평생교육 또한 모든 사람들의 잘삶을 목표로 한다고 생각한다. 교육의 목적 중의 하나는 행위자들에게 사회적 책임을 갖도록 하는 것이다(Sen, 2000). 특히, 오늘날과 같이 평생교육이 경제적 가치에 지배되는 경우, 경제적 인간이 사회적 책임감을 지니지 않는다면, 사회적 자본에 대한 관심과 투자가 줄어들고, 그 세계는 약육강식의 정글 법칙에 따라 움직이는 홉스식의 삭막한 공간이 될 수밖에 없다. 따라서 평생교육이 사회적 가치에 대한 헌신을 전제로 하지 않는다면, 그것은 개인적 생산성의 증대와는 별도로 사회적 가치의 손상이라는 예기치 않은 결과를 초래하게 된다.

이런 점에서 평생교육의 대안적 패러다임은 사회적 책임감과 개인적 자율성의 조화로운 발달을 도모하는 것이어야 한다. 평생교육이 오직 자신의 사적 이익을 추구하는 반사회적 개인만을 길러내서는 안 되며, 공동체적 덕성을 갖춘 민주적이고 책임감 있는 개인에 관심을 기울여야 한다. 이런 점에서 대안적 패러다임은 공동체주의와 가깝다. 맥킨타이어(MacIntyre)는 개인을 중시하는 일련의 가치관을 일컬어 '관료적 개인주의'라 비판하고 대신에 공동체주의를 강조한다. 공동체주의란 사회적 통합과 공동체의 가치를 중요하게 간주하는 사회 철학을 지칭한다. 즉 개인주의화 테제에 대한 반성과 대안을 모색하는 입장을 말한다. 공동체주의자들은 기본적으로 '도덕적 재생'을 주장하며, 교육적 가치의 공동체적 성격을 중요하게 생각한다. 다시 말하면 교육적 가치는 개인의 합리적 선택에 의한 것이 아니라 본질적으로 집합적 산물이라는 입장이다. 개인의 선택이라는 것도 원칙적으로 개인의 도덕적 추론에 의한 것이 아니라 도덕적 의무감을 인식함으로써 발생한다는 입장이다.

그러나 개인주의가 과도한 개인의 자유를 강조함으로써 사회적 불이익을 확대하고 정당화할 가능성이 있는 반면에 공동체주의 또한 소수의 이익과 교육적 관심을 배제하고 억압함으로써 궁극적으로 사회의 지배적 가치를 전달할 위험성이 있다. 뿐만 아니라 공동체주의는 현존 가치를 중요하게 생각할 가능성이 크며, 공동체를 강조할 경우에 인간의 지적 활동과 반대되는 경우가 발생할 가능성이 있다. 개인의 선택이 지적 활동에 기초한 것이 아니라 사회적 책무성에 대한 인식으로부터 발생한다는 것은 인간을 과도하게 수동적이고 비역사적인 존재로 격하하는 위험성이 있는 것이다. 중요한 사실은 어떤 정책이나 논리가 '단순히' 공동체 전체의 복지를 다소 증진시킬 수 있다고 하더라도, 그것만으로 공동체를 지탱하고 있는 근본원리를 무시한다면 정당화될 수 없다. 사회적 자본 또한 마찬가지이다. 사회적 네트워크가 지역사회의 복리를 다소 증대시키기는 하지만, 마피아의 의리를 강조한다거나 다른 공동체의 피해를 전제로 하는 것이어서는 바람직하다고 볼 수 없는 것이다.

그렇지만 평생교육이 도덕적인 이타주의를 목표로 하는 것은 아니다. 사회적 자본과 도덕적 이타주의는 확연히 구분된다. 아담 스미스는 무릇 인간이라면 다음과 같은 도덕적 감정을 가지고 있다고 보았다.

> 인간이 아무리 이기적이라고 상정하더라도, 인간의 본성에는 분명 이와 상반되는 몇 가지 원리들이 존재한다. 이 원리들로 인해 인간은 타인의 운명에 관심을 가지게 되며, 단지 그것을 지켜보는 즐거움밖에는 아무 것도 얻을 수 없다고 하더라도, 타인의 행복을 필요로 한다. 연민(憐憫)과 동정(同情)이 이런 종류의 원리이다. 타인의 비참함을 목격하거나 또는 그것을 아주 생생하게 느끼게 될 때 우리는 이러한 동정을 느낀다. … 우리가 타인의 슬픔을 목격하고 슬픔을 느끼게 되는 일이 자주 있다는 것은 증명할 필요조차 없는 명백한 사실이다.

140

왜냐하면, 비록 도덕적이거나 인간미가 풍부한 사람들이 이러한 감정을 가장 예민하게 느낀다고 하더라도, 다른 모든 인간 본성의 본원적 열정과 마찬가지로, 이를 그들만이 느낄 수 있는 것은 아니기 때문이다. 무도한 폭도, 사회의 법률을 아주 극렬하게 위반하는 사람도 이러한 감정을 가지고 있다(Smith, 1996 :27).

사실, 이러한 도덕적 감정은 그것이 어떤 이익을 가져온다거나 공동체의 가치를 실현하는 것과는 거리가 있다. 또한 마피아의 눈물과 헌신적인 자선운동가의 눈물은 똑같이 동정심을 의미하지만, 그것이 반드시 바람직하다는 것을 말하는 것은 아니다. 도덕적 감정과 달리 사회적 자본은 경제적 특성을 가지고 있다. 예를 들어, 희소하고, 가치를 가지고 있고, 합리적 행동의 일부를 이루고, 모을 수 있다는 특징을 갖는다(Staveren, 2000: 7). 도덕적 이타주의와 달리 사회적 자본은 다른 사람을 위하여 오직 자기희생적이지 않으며, 공동체의 사회적 가치에 대한 헌신이 호혜성이라는 전제를 주된 특징으로 한다.

이처럼 사회적 자본은 내재적 가치와 관계적 성격을 가지고 있으므로, 사회적 자본을 단지 도구적 혹은 기능적 관점만으로 이해하기란 어렵다. 결국, 사회적 자본과 도덕적 이타주의는 구별되며, 사회적 자본이 오로지 이타적으로 공동체만을 위한 것이므로 개인적 이익과는 거리가 멀다는 비판은 타당하지 않다. 바로 평생교육의 과제는 연민과 감정적인 도덕적 이타주의에 있는 것이 아니라 관계적인 사회적 자본의 형성에 있어야 한다. 구성원들은 서로 협력하면서 공동체의 이익을 키우고자 노력한다. 공동체의 이익을 위한 상호부조는 반드시 개인의 이익을 포기하거나 희생할 것을 요구하지 않는다. 지금까지 평생교육은 주로 개인적 성장과 인적 자본의 형성을 위한 것으로 간주되었으며, 개인적 학습과 효과를 중시하였다. 그러나 시민참여, 신뢰형성 등과 같은 사회적 학습 또한 평생교육의 중요한 과제로 부각되고 있다. 윌슨(Wilson, 1997: 754)은 성공적인 공동체는 이기심으로 충돌하는 원자적 개인(경제적 인간)들의 집합이 아니라 '공동체에 속한 개인'들의 네트워크라 주장한다.

　[그림 5-1]은 이러한 시민사회 평생교육의 다양한 차원을 체계적으로 알려주고 있다. 평생교육은 개인의 흥미와 필요 그리고 사적 이익을 강조하는 '권리'일 뿐만 아니라 사회적 안정과 변화를 위한 '의무'와 같은 책무성이기도 하다. 다시 말해, 평생학습사회는 개인권을 존중하면서도 공동체 구성원들 간의 관용과 책임을 가능하게 하는 일종의 학습공동체가 되어야 한다. 결국, 개인은 본질적으로 '사회적'이며, 개인적 정체성과 사회적 일체감은 공동체에 대한 소속감으로부터 얻어진다. 평생교육이 지나치게 원자화된 개인의 이익을 위해서만 존재하지 않으며 동시에 전체주의적으로 변질된 공동체의 가치에 따라 타율적으로 동원되지 않는 것이다.

[그림 5-1] 시민사회 평생학습의 여러 차원

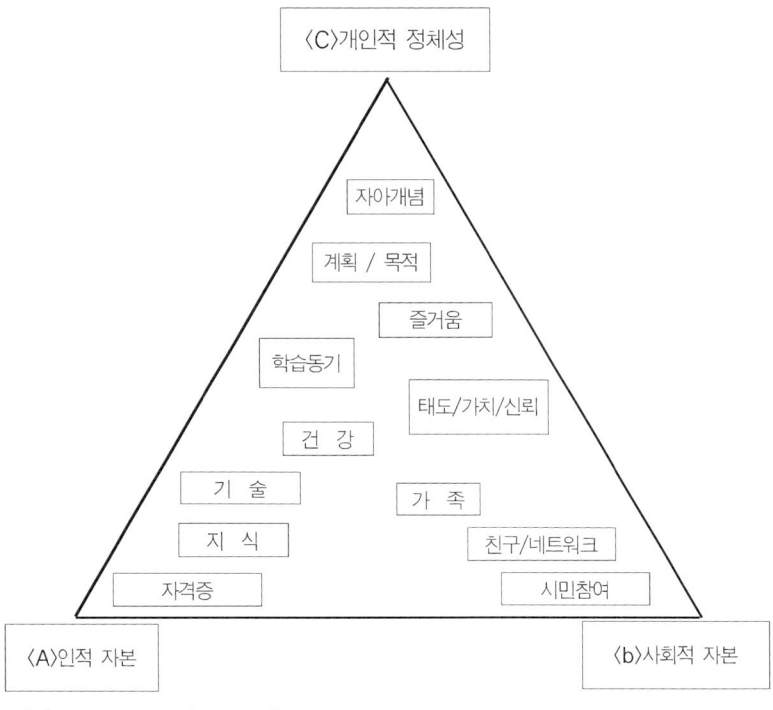

출처: Schuller et al.(2002: 10)

이와 같이 시민사회의 평생교육은 경제적으로 효율적이고, 사회적으로 평등하고, 생태적으로 지속가능하며, 그리고 정치적으로 민주적인 발전전략이다(Field, 2000: 155). 지금까지의 평생교육이 기술성장(인적 자본) 모델과, 경제활동뿐만 아니라 생의 모든 영역에서의 자아실현을 위한 개인성장 모델을 중심으로 한 것이었다면, 새롭게 부각시켜야 할 평생교육은 인적 자본과 함께 사회적 자본의 가치에 주목하고 사회적 신뢰나 협동을 도모하기 위한 '사회적 학습'이어야 한다(Coffield, 1999: 487).

학습공동체의 건설

인간은 이기적인 개인인 동시에 고립을 피하고 다른 사람이 지지하거나 인정해주는 것을 좋아하는 사회적 동물로서 (Fukuyama, 1996: 454), 운명공동체적 '모둠살이'를 하고 있다고 할 수 있다. 개인은 '고립'되어 있지 않고, '공공'으로부터 분리될 수 없다. 가장 큰 정도의 자율성이란 적절한 공동체(개인들로 하여금 그들의 존재를 표현하도록 하는 공동체)에서 성취될 수 있다(Brownhill, 2001: 72). 현실적으로 개인은 그가 속한 공동체의 사회적 자본 안에서, 사회적 자본을 통해서 생활하고 활동한다.

시민들은 주체적으로 일상적 삶에서 '작은 공공영역'들을 활성화시키고, 이를 토대로 국가와 시장, 나아가 세계사회의 요구들에 부응할 수 있는 학습능력을 키워야 한다. 지금까지는 주로 국가의 '공공성'에 기대어 문제를 해결하려고 하였으나, 공공성은 결코 국가에 의해 전적으로 담보될 수 없다. 대신에 평생교육 담론에서 다시 기억해내고 부활해야 하는 것이 바로 시민사회이다. 즉, 시민의 생활세계, 특히 공공영역이라고 하는 시민사회의 학습양식을 다양화하고 그 안에서의 의미 있는 학습네트워크를 구축하는 노력이 필요한 것이다. 개인들은 국가와 시장 앞에 무력하다. 약한 개인들이 강해질 수 있는 것은 시민사회, 시민적 결사체들을 통해 학습할 때이다. 시민들이 구성하는 결사체들은 직접적으로 정치에 개입할 수도 있고, 혹은 공적 생활을 하는데 필요한 협력을 배울 수 있는 학교로서 역할을 할 수도 있다 (Fukuyama, 2000: 7). 그러한 협력을 가능하게 하는 것이 사회적 자본이며, 거꾸로 사회적 자본이 형성되는 것도 시민적 결사체들을 통해 협력할 때이다.

그렇다면 사회적 자본을 키울 수 있는 학습공동체는 어떻게 구축되어야 할까? 시민적 참여의 네트워크, 호혜성의 규범, 사회적 신뢰 등의 사회적 자본은 형식적 교육이나 학습만으로 가능한 것이 아니다. 학습이 일어나는 모든 영역 - 가정, 학교, 일터, 지역사회, 사이버 등(권대봉, 2001)의 학습영역을 총망라하는 '학습공동체'(Web-like Learning Network)가 구축되어야 한다. 사회적 자본은 상호 이익을 위한 조정과 협동을 촉진하며, 사회적 자본이 높은 공동체의 사람들은 공동체의 다른 사람들에게 무언가를 제공할 수 있는 존재가 된다. 이것이 바로 퍼트남이 말한 '생동적 시민생활'인 것이다. 활성화된 시민사회를 건설하기 위해서는 평생교육이 활용되어야 하며, 평생교육은 또한 그런 시민사회를 토대로 하는 것이다. 결국, 시민사회란 민주적 학습공동체인 셈이다.

역사적으로도 공동체는 생존을 위한 하나의 선택이었다. 특히, 사회적으로 지위가 낮거나 열악한 위치에 있는 사람들의 경우에 공동체는 더욱 그러하다. 예를 들어, 19세기 초 영국의 노동계급은 다양한 '상조회'(box clubs)나 직인(職人)조합 등을 결성하였는데, 이는 질병과 실업 그리고 장례비용에 대한 보장책을 마련하기 위한 노동계급의 고도로 '의식적인 노력'의 산물이었다

(Thompson, 2002). 노동계급의 이러한 움직임은 생존을 위한 자연스러운 선택으로서, 사회적 네트워크에 기초한 연대가 형성되고, 실제로 자긍심이 향상되며, 갖은 위협으로부터 자신들을 지켜내는 것이 가능하였다. 이것이 바로 시민들의 민주적 학습공동체였던 것이다.

<표 5-2> 사회적 자본과 학습공동체의 유형

		공동체 내 사회적 자본	
		낮 음	높 음
공동체 간 사회적 자본	낮 음	B 방치된 학습공동체	A 폐쇄적 학습공동체
	높 음	C 외향적 학습공동체	D 성공적 학습공동체

학습공동체는 시민사회의 사회적 자본에 따라 서로 다른 성격을 갖는다. 먼저, 유형A는 공동체 내의 사회적 자본은 높지만, 다른 공동체와의 사회적 자본이 낮은 곳으로 외부와의 관계가 미미하거나 고립된 지역 혹은 종족 마을 그리고 폐쇄적 조직 등이 여기에 해당된다. 우리나라의 경우, 대부분의 농촌 지역은 유형A에 속할 가능성이 크다.

농촌 지역에 거주하는 주민들은 전통적인 사회적 네트워크에 깊숙이 개입되어 있는 노인 계층이 많으며, 이들은 여러 가지 이유로 농촌을 떠나지 않고 있는 사람들이다. 농촌 지역에 거주하는 노인 계층 이외의 사람들은 적지 않은 수가 자발적 거주보다는 경제적 이유 등으로 인하여 농촌을 떠나지 못하고 있는 타율

적 거주민일 경우가 많다. 이들에게 농촌에서의 삶은 사회적 자
본이 풍부한 살기 좋은 곳이기보다는 어쩔 수 없이 살고 있는
버림받은 곳이라는 생각을 할 가능성이 크다. 비록 유형A 사회
는 사회적 자본이 풍부하고 높기는 하지만, 그렇다고 그곳에서
사는 사람들의 삶의 질이 높다고 단정하기는 어렵다.

특히, 유형A 공동체의 사회적 자본은 비공식적(informal) 자본
일 가능성이 크다. 비공식적 사회적 자본은 서로를 잘 아는 제한
된 사람들의 면대면 관계성을 그 특징으로 한다. 또한 친척, 친
구, 또는 가까운 사람들에 의하여 구성된다. 때문에 이러한 네트
워크는 규모가 작고 자급자족 생활을 하며, 법이나 문서 그리고
재산 등에 대한 인식이 부족한 경향이 있다. 또한 사람들은 대체
로 태어난 곳에서 성장하여 결혼하고 죽음에 이르는 일생을 보
내는 경우가 많다. 따라서 다른 지역과 다양한 관계를 맺기를 기
대하는 것은 어려운 일이다. 더구나 이러한 사회의 주민들은 경
제적으로도 풍부한 삶을 살지 않고 있다. 따라서 경제적 위기에
직면하면 기왕의 사회적 자본이 부정적 영향을 받게 된다.

이러한 유형 구분은 기업 조직에서도 중요한 의미를 갖는다.
일부 벤처 기업에서는 사회적 자본을 중요한 경영전략으로 채용
하여 사용하고 있다. 사회적 자본을 재화와 서비스의 생산을 위
해 도구적으로 활용하는 사례가 다수 보고 되고 있다. 베이커
(Baker)는 사회적 자본이 기업조직에서 어떻게 활용될 수 있는가
에 관하여 다음과 같이 설명하고 있다.

모든 사람들이 개인적인 노력이나 능력에 기초하여 성공하거나 실패한

다는 것은 문화적 신념이다. 이러한 신화는 너무나 강력해서 사회적 자본을 통하여 성공하는데 장애가 된다. 개인주의의 신화(the myth of individualism)에도 불구하고, 사회적 자본은 개인적 성공, 기업의 성공, 그리고 행복이나 삶에 대한 만족 등을 달성하는데 본질적인 부분이다 (Baker, 2000: 2).

그는 기업체에서 개인적 수준의 노력과 훈련을 강조함으로써 성장을 도모하는 것을 '개인주의의 신화'라고 비판하고, 대신에 사회적 네트워크, 즉 사회적 자본의 중요성에 눈을 뜰 것을 강조한다. 그는 유형A의 폐쇄적 집단으로부터 유형D의 네트워크 조직으로의 변화를 주장하면서 새로운 패러다임을 '네트워크 패러다임'(the Network Paradigm)이라 부른다. 그는 사회적 자본을 구축하고 활용하는 개인은 더 좋은 직업을 구할 것이고, 보수가 더 좋고, 승진이 빠르고, 보다 영향력이 있고 효과적일 것이라고 주장한다(Baker, 2000: 25)

성공은 사회적이다(Success is social). 그것은 다른 사람과의 관계성에 달려있다. 우리가 일상적으로 '개인적'인 것으로 생각하는 성공의 모든 요인들, 예컨대 자연적 능력, 지능, 교육, 노력, 그리고 운 등도 네트워크와 복잡하게 얽혀있다. 이것은 성공에 대한 재고가 개인적 성취의 교훈을 잊어버리는데 유용한 이유를 밝혀줄 것이고, 또한 우리의 세계관과 그것이 작용하는 방식을 재고하도록 할 것이다. 이러한 관점의 변화는 개인주의의 신화르부터 우리를 해방시키고, 개인적 그리고 기업의 성공을 이루는데 있어서 사회적 자본의 힘에 우리가 관심을 기울일 수 있도록 해준다(Baker, 2000: 9).

그는 공동체 내의 그리고 공동체 간의 사회적 자본이 풍부한 유형D의 조직이 "벤처 자본과 재정에 접근하는 것을 즐길 것이며, 조직학습, 마케팅 역량, 전략적 제휴를 맺는 능력, 적대적 세력으로부터 자원을 지켜내는 능력 등이 개선될 것"(Baker, 2002: 25)이라고 주장함으로써, 사회적 자본이 기업에서 도구적으로 사용될 경우 예상되는 이득을 설명한다.

정보통신기술이 발달하면서 온라인 공동체도 중요한 학습공동체로의 성격을 갖는다. 정민승은 온라인상의 동아리를 중심으로 학습의 가능성을 검토하였는데, 그곳에 '협력적 학습관계'가 존재하고 있음을 밝힌 바 있다(정민승, 1999). 그러나 온라인 학습공동체에 대한 낙관적 기대와는 달리 그것이 기술 지상주의로 전락할 수 있다는 비판도 있다. 하이랜드(Hyland, 1999: 314)는 1980년대 이후 질주를 계속하고 있는 개인주의적 평생교육이, 예상되는 문제를 국가적 학습망과 인터넷에의 접근을 제공하면 해결될 수 있을 것이라고 생각하는 유토피아적 미래론에 기초하고 있음을 경고하고 있다. 여전히 '전자적 공공영역'과 평생교육의 관계는 확실하지 않다. 인터넷 사용이 폭증하는 것에 비례해서 온라인을 통한 학습활동이 어떻게 구체적으로 실현될 수 있으며, 그것이 공공선을 어떻게 구현할 것인지는 여전히 논란거리로 남아 있다.

대안적 평생교육의 과제

평생교육 제도화 극복

대안적 평생교육은 건강한 시민사회를 그 전제 조건으로 한다. 그러나 현실적으로 국가의 권한은 여전히 강력하며, 시민사회는 국가에 대하여 도덕적·윤리적으로 우월성을 정당화하는 것이 쉽지 않은 실정이다. 더구나 해방 이후 자율적이고 주체적인 삶을 누린 경험이 부족한 사람들은 국가에 대한 과도한 의존과 철저한 자기검열(self-censorship)의 상태에 있다. 뿐만 아니라 국가주의의 관철을 위하여 동원된 시민사회의 모습이 여전히 강하게 뿌리를 내리고 있다. 이처럼 한국의 시민사회는 여전히 낮은 수준에 머물러 있다. 심지어 홍세화는 한국에 과연 '시민'과 '시민사회'가 존재하는가라는 비관적 문제제기를 하기도 한다.

> 시민사회 자체가 국가에 의해 상당 부분 포섭 내지 식민지화되어 있기 때문에 시민들의 국가에 대한 비판적 저항의식은 제대로 성숙하지 못하고 있는 상태이다. 그리하여, 힘없는 백성을 보호하는 <우리들의 믿음직한 국가>라는 국가주의적 유혹에 넘어간 적지 않은 신민들이 여전히 변함없는 애국충정을 노래하면서 <국가경쟁력을 배양하여 한국을 21세기의 위대한 국가로 만들자!>는 구호에 적극 동참하고 있는 것이다(김성국, 1999: 340).

시민사회 없이는 민주주의도 없으며, 아울러 시민들의 자발적 참여를 전제로 하는 시민사회의 평생교육 없이는 삶의 민주화 또한 불가능하다. 따라서 시민사회의 평생교육이 '활동가' 혹은 '명망가' 중심에서 벗어나 '시민' 주도로 질적 변화를 경험할 것인가 하는 점은 대단히 중요하다. 그럼에도 불구하고 여전히 사회적 자본의 사유화, 공적 담론의 장으로서 시민사회의 식민화, 그리고 평생교육의 사유화와 종속화는 해결해야 할 중요한 과제이다.

최근 들어, 평생교육이 국가와 시장의 주요 관심영역이 되면서 나타나고 있는 가장 중요한 특징 중의 하나는 평생교육이라는 개념이 전략적이고 기능적으로 엄격해지고 있다는 것이다(Alheit & Dausien, 2002: 2). 평생교육은 경제적 합리주의에 따라 경제와 직업적 이해관계에 종속되게 된다. 동시에 국가의 이익을 증진시키고 시장의 기능을 원활하게 하기 위해 각종 교육지표들은 표준화된다(손준종, 2001b: 180). 표준화된 평생교육의 다양한 이해당사자들을 하나로 묶는 것은 법률과 계약이며, 이것은 신뢰를 감소시키고 역기능적인 구속이 된다. 교육과 훈련에 대한 규정이 증가하면서 학습이 급증하지만, 그것은 우수한 질이 아니며 오히려 제도화된 조건을 충족시키기에 급급한 것이다(Schuller & Bamford, 2000: 14). 역설적으로 규정 조건 이외의 다른 기술이나 능력은 간과된다. 이것은 평생교육의 출발점이 민주적이고, 급진적이며, 해방적이었다는 사실을 무색케 하며, 일리치(Illich)가 염려한 대로 학습이 제도화된 가치에 종속되는 결과를 초래하게 된다. 특히, 학습결과의 제도화는 그 활동과 관련되어 있는 사람들에게는 뿌리치기 어려운 유혹이다. 평생교육 또한 비슷하다. 학교교육의 제도화를 비판하였지만, 평생교육 또한 그에 못

지않게 제도화가 진행되고 있다. "평생학습사회는 자유의 공간보
다는 통제의 성격을 더욱 강하게 표방할 가능성이 있다"라는 슐
러(Schuller)의 평생교육 제도화에 대한 우려의 목소리는 매우
의미심장하다. 시민사회 평생교육의 제도화는 자연스럽게 규모가
작고, 자발적이며, 생활공동체 중심의 교육 활동을 위축시킬 가
능성이 있다. 리빙스톤(Livingstone, 1997: 10-11)의 지적처럼
실업과 저고용 상태에 있는 노동자들은 그들이 기술이 부족하거
나 없기 때문에 아니라 그들의 기술 수준을 객관적으로 증명하
고 확인해줄 '제도화된 자격'을 갖추고 있지 못하기 때문이다.
이와 같이 비공식적 학습 또는 시민사회 평생교육의 자격증화
및 제도화 추세는 사회적으로 배제된 주변적인 사람들의 처지를
개선하는 것을 더욱 어렵게 한다. 비공식적 학습의 '제도화된 자
본'('제도화된 자본'이란 교육제도 또는 평생교육 등을 통해서 주
어지는 학위증서 또는 자격증과 같이 공적으로 보장을 받는 형
태의 자본을 말한다)으로의 가치 전환은 불평등을 더욱 강화하는
역할을 담당하게 된다. 따라서 시민사회의 평생교육이 제도화된
문화적 자본을 형성하는 통로로 변질되는 것을 막는 것이 중요
한 과제이다.

지역단위 학습공동체의 활성화

시민사회의 평생교육은 주로 도시지역을 중심으로, 중산층을
중심으로, 그리고 명망가를 중심으로 형성되어 있는 학습공동체
에서 활발하게 이루어질 가능성이 있다. 중앙 집중 사회에서 지

방은 교육적으로 소외된 공간이다. 대개의 경우 지방에 사는 것은 부정적으로 인식된다. 지방을 떠나는 이유도 따지고 보면 시민사회의 구조적 빈약함과 사회적 자본 형성의 어려움에 있음을 알 수 있다. 이런 상황에서 평생학습마을과 같은 지역학습공동체 형성 정책은 한계가 있다. 무엇보다도 평생학습마을 정책으로는 농촌과 지방 마을의 달동네화(ghettorization)를 극복하기 어렵다. 대체로 평생학습마을이 필요하거나 선정된 지역 중에서 일부는 경제적 능력의 한계 등으로 인하여 다른 지역으로의 '자발적' 이주가 어렵거나 불가능한 사람들이 사는 경우가 많다. 또한 이들 지역은 도시지역과 비교하여 상대적으로 다양한 자원이 부족할 가능성이 크다. 이런 점에서 주민들이 부정적 태도를 내재화하고 있을 가능성이 크며, 교육적으로도 국가와 개인을 매개할 수 있는 자율적이고 자발적이며 민주적인 공공성의 개념이 풍부할 것으로 예상하기 어렵다. 또한, 현재의 평생학습마을은 주로 자치단체들이 주도적으로 참여하는 일종의 준정부 주도적 성격이 강하다. 따라서 자율적이며 수평적인 학습의 네트워크를 강조하는 사회적 자본의 측면을 고려할 때, 평생학습마을은 국가주도의 새마을 운동과 같은 관주도 계몽운동의 성격을 답습할 가능성이 농후하다.

특히 한국과 같이 집단주의 문화가 강할 경우 특수주의적이고 배타적인 사회적 자본의 '과잉'을 걱정해야 한다. 집단주의 문화에서는 개인의 정체성이 항상 타인과의 관계 속에서 정의된다. 그래서 '나'와 '우리'의 구분이 뚜렷하지 않고, 또한 '나'를 '우리'와 동일시하는 경향이 강하다. 집단주의는 집단 내에서 개인의 정체

성이 겹쳐서 나타나는 반면에 집단간 경계는 아주 뚜렷하게 구별
된다. 개인간의 관계의 밀도와 중첩성이 높아질수록, 비공식집단
의 응집력이 파당(clique)으로 나타나고, 파당의 형성은 곧 공식
적인 집단의 균열을 가져오는 것이다(이재열, 2000: 166).

<표 5-2>에서 살펴보았듯이, 시민사회가 성공적인 학습공동체
가 되기 위해서는 공동체 내의 사회적 자본이 높아야 할 뿐만
아니라, 공동체간 사회적 자본을 구축하고 활용할 수 있어야 한
다. 수평적 수준에서의 보편적 사회적 자본이 형성되어야 할 뿐
만 아니라 개인간의 미시적 상호작용으로부터 공동체나 조직이
라는 중범위적 수준을 거쳐 전체 사회라는 거시적 수준에 이르
기까지의 사회적 자본이 갈등하지 않고 공유되는 것도 중요하다.

그러나 지금까지 시민사회는 지역에서 전개되는 일상적 삶의
영역에서 시민들의 자발적 참여를 가능하게 하는 학습활동을 주
체적으로 개발하는 노력을 게을리 하였다. 시민사회에 의한 학습
은 주로 중앙에서 전문가들이 중심이 되어 제도교육을 비판한다
던지 아니면 다소 특권적인 대안교육을 제시하는 일에 주력해왔
다. 따라서 지방의 학습활동은 중앙에서 그 방향과 내용이 결정
되고 지역에서는 단지 그것을 실행에 옮기는 하부 조직처럼 인
식되었다. 그 결과 지역의 자생적이고 독자적인 학습활동은 미약
하고, 더욱 심각한 것은 지역 즈민들의 자치적 학습운동이 정착
하지 못하고 있다는 점이다. 여전히 많은 국가 예산이나 민간 영
역의 투자들이 중앙에 집중되어 있으며, 지방은 소외되어 있다.
이런 점에서 지역의 자치와 공생적 공동체를 강조하는 '일상적
삶의 학습장화'를 위한 노력이 절실히 요망된다. 중앙의 하부조

직이 아니라 지역 주민들의 일상의 삶에 관심을 갖고 지역의 삶의 현장을 변화시키는 참여적이고 민주적인 학습공동체(Welton, 1995)를 활성화시키는 것이 주요 과제의 하나이다.

사회적 배제의 해소

시민사회의 평생교육은 우리에게 희망의 메시지이기도 하지만, 동시에 억압의 굴레이기도 하다. 평생교육은 우리를 해방시킬 수도 그리고 노예로 만들 수도 있는 이중 구조를 가지고 있다. 왜냐하면, 평생교육은 '누가, 왜, 무엇을, 그리고 누구에게' 적용하느냐에 따라 다른 의미를 가질 수밖에 없기 때문이다. 한마디로 평생교육은 정치적 활동이며 동시에 이데올로기적 성격을 내재하고 있다. 이것이 시민사회의 평생교육론에서도 평생교육의 정치적 성격에 대한 진지한 논의가 필요한 이유이다.

영화 「메트로폴리스」를 보면, 미래도시 메트로폴리스는 두 개의 세계로 나뉘어 있다. 하나는 행복하고 안락한 지상낙원이고, 또 하나는 온통 기계로 둘러싸인 노동자들의 지하 감옥이다. 지상의 가진 자들은 지하의 빼앗긴 자들의 노동의 대가로 천국을 소유한다. 1927년에 만들어진 이 영화의 미래상은 확실히 디스토피아적이다. 그런데, 최근의 영화들에서 그려지는 미래사회도 현재의 사회가 갖고 있는 각종의 모순들이 극대화된 모습이다. 현재의 계급모순은 과학기술의 발전으로 말미암아 심화되며 심한 경우 극단에 위치한 두 계급으로 나뉘고, 사회의 관료적 지배와 정치적 억압은 더욱더 강화되어 극단적인 관료주의적 관리사회가 나타나고, 첨단과학기술의 구현물인 컴퓨터 등등이 관료적 지배의 매개가 되고, 이에 따라 대상(과학기술)에 의한 주체(인간)의 소외가 강하게 나타나 극단적인 쪽으로 치달으면 주체에 의해 통제되지 않고 독자적으로 물화된 대상에 의해 주체가 지배되는 경우가 등장하고, 과학기술은 일상생활의 질을 높이기보다는 특정한 부문(예를 들어 군수산업)에 집중되어 발전하며, 현재 진행되고 있는 환경오염은 더욱 극단적으로 진행된다. 우리가 이런 공상과학영화를 보면서 섬뜩한 이유는 영화가 그리는 미래사회가 지극히 현실적이기 때문이다.

히터(Heater)는 사회적으로 배제된 사람들이 처한 곤경을 설명하기 위해 시민사회의 시민을 다음과 같이 구분하고 있다. 첫째, 완벽한 권리를 누리면서 그들의 시민적 의무를 이행하는 '적극적 시민', 둘째, 충분한 권리를 갖지만 시민적 의무를 이행하는 데는 냉담한 '수동적 시민', 셋째, 지위는 갖지만 온갖 차별 때문에 법적 권리를 거부당하는 '이류 시민', 넷째, 법적 지위는 인정되지만 가난 때문에 배제를 경험하는 '하층계급', 다섯째, 시민이 아니기 때문에 정치적 권리는 없지만 그밖에 시민권과 관련된 다른 권리들을 누리는 '거주민', 마지막으로 시민적 평등으로부터 거부되어온 '여성' 등이다(Jarvis, 2002: 10).

자발적 학습공동체는 이기적이고 폐쇄적인 공간으로 변질될 가능성이 적지 않다. 기든스에 따르면, 사회적 배제는 사회의 하층부뿐만 아니라 상층부에서도 일어나는 이중 과정이다. 사회의 상층부에 속하는 사람들은 국가가 제공하는 서비스로부터 '자발적'으로 배제된다. 이들은 엘리트적이고 특권적인 사적 활동을 하면서 대신에 주류의 교육으로부터 스스로 벗어난다. 이러한 현상은 점점 중류계층으로까지 확대되는 경향을 보이고 있다. 따라서 시민사회 평생교육은 계급 분파적으로 나뉠 가능성이 있다.

오늘날의 사회는 사회적 결속을 강조하면서도, 동시에 경제가 더욱 유연하게 자유화해야 한다고 한다. 신자유주의적 논리에 따르면, 국가에 의존하는 사람들을 도움이 필요로 하는 사람들로 보기보다는 사회의 기생충으로 의심하고 무시한다. 의존성은 수치스러운 조건이 된다. 그러나 의존을 수치스럽게 여기는 정서는 강력한 공동체적 결속 관계를 증진시키지 못하도록 한다. 절친한 인간관계에도 불구하고 다른 누군가에게 의존하는 것이 두렵다면 그 사람을 신뢰하지 못한다는 의미다(Sennett, 2001: 202-204). 즉, '뒤쳐지는' 사람들에 대한 관심과 동정심, 타인에 대한 희생이 결여된 사회는 사회적 자본이 풍부한 시민사회라고 하기 어렵다.

시민사회의 평생교육은 시민들의 자발적 참여와 네트워크 조직방식을 더욱 적극적으로 활용해야 한다. 풀뿌리 학습공동체를 지향하는 이런 전략은 급속히 개인주의화되어 가는 자본주의 생활양식에 대응해 사회적 연대와 평등한 의사소통을 활성화할 수 있으며, 이기주의·가족주의·정치적 무관심에 빠져 있는 시민들을 공적 토론과 행동의 장으로 이끌어내는 데 기여할 수 있다(김호기, 1996).

적극적 시민권으로 표현되는 공동체 활동은 바람직한 사회적 자산이다. 시민사회를 꽃피우기 위해서는, 개인과 공동체의 책임과 권한, 민주적 참여, 공동체의 정체성, 사회적 결속과 연대, 사람들의 요구에 대한 유연하고 각별한 대응, 맥락성, 집합적 참

여, 그리고 경험·상황학습 등(McClenahan, 2000: 567)과 관련
된 학습활동이 필요하다. 필드는, 불평등의 재생산과 새로운 형
태의 배제를 야기하는 현재의 학습사회는 그 내적 모순으로 인
해 분열될 운명에 처할 수 있다고 한다. 항구적 불안정과 위험과
불확실이라는 문제에 대한 개인적 해결을 모색하는 원리에 기대
어, 어떻게 공공선이라고 하는 불변의 이상이 가능한가? 학습사
회는 경제적 번영이나 성장이 아닌 적극적이고 참여하는 시민이
라는 이데올로기적 기초 위에서 세워져야 하는 것이다.

제6장 결 론

이 책은 사회적 자본을 중심으로 대안적 평생교육을 탐색하는 것을 목적으로 했다. 특히, 사회적 자본을 개인주의적 공리주의 평생교육에 대한 하나의 대안적 또는 보완적 개념으로 가정하고, 평생교육과 관련하여 그 가능성과 한계를 탐색하고자 하였다. 이를 바탕으로 사회적 자본의 풍부한 원천인 시민사회 평생교육의 논리와 과제를 살펴보는 것을 목적으로 했다. 이 책의 내용을 요약하면 다음과 같다.

첫째, 평생교육 과제로서의 사회적 자본이 무엇인가?

모든 현대인들은 성공의 신화와 실패의 두려움에 내몰리면서, 그들의 당위론적 현실을 극복하기 위해 끊임없이 평생교육을 갈구한다. 평생교육은 그 중요성으로 인해 도덕적 의무이자 사회적 강제가 되고 있다. 그러나 평생교육이 평생학습자들에게 무엇을 보장해줄 수 있을까? 역사상 인간이 가장 우수한 지식과 능력을 갖추게 됨과 동시에 수많은 문제와 위기들에 직면하게 된 것은 심각한 아이러니가 아닐 수 없다. 이제 평생교육은 개인적이고 심리학적인 접근을 넘어서 새로운 사회적 이론으로 거듭나야 하는 시점에 와 있다. 평생교육은 이제 '사람들이 실제 사는 삶'에, 인류가 직면하고 있는 다양한 도전과 위기에 좀더 관심을 기울여야 한다.

들로어 등의 표현대로, '함께 살기 위한 학습'은 이제 21세기 평생교육의 과제로서 새롭게 조명되어야 할 필요성을 갖는다.

즉, 사회적 자본이 결핍되고 쇠퇴하는 상황에서 또한 보수적이며 폐쇄적인 사회적 자본에 힘이 실리는 상황에서, 발전적이고, 생산적이고, 더 고귀한 사회적 평등과 결속에 이바지할 수 있는, 궁극적으로는 공동체와 공동체 구성원의 잘삶을 위한 사회적 자본을 형성하는 것은 21세기 사회의 주요한 과제가 되어야 한다. 사회적 자본을 형성하는 것이 인류의 미래를 위한 주요한 과제이고, 평생교육이란 사회적 과제를 충족시키기 위해 끊임없이 변화하는 개념이라고 본다면, 사회적 자본은 평생교육의 커다란 도전이 된다.

사회적 자본에 대한 물음은 우리가 사는 사회에 대한 물음으로부터 출발한다. 즉, '어떤 사회적 자본이어야 하는가'라는 물음과 '우리가 어떤 사회에 살고 있는가'라는 물음은 동전의 양면과도 같은 것이다. 이 책은 우리가 학습사회라는 시민사회에 살고 있고, 따라서 우리가 추구해야 하는 사회적 자본이란 시민사회에서의 협력적 행위를 촉진시켜 사회적 효율성을 향상시킬 수 있는 시민적 참여의 네트워크, 포괄적 호혜성의 규범, 그리고 그로부터 생겨나는 사회적 신뢰라고 정의하였다.

둘째, 한국에서의 국가 및 시장주도 평생교육은 어떤 특징을 갖는가? 그리고 국가 및 시장주도 평생교육에서 사회적 자본은 어떤 특징을 갖는가?

지금까지 평생교육을 움직인 두 개의 축은 국가와 시장이었다. 먼저, '발전국가'를 표방하였던 종래의 국가에서 평생교육은 경제적으로 뿐만 아니라 정치적으로도 '동원'되었다. 이 시기, 다양한 시민들의 요구와 의견은 수면 아래로 잠복했다. 따라서 평생교육과 관련한 네트워크로서의 사회적 자본은 적극적인 감시의 대상이었고, 대신에 국가에 의해 필요한 시민단체와 사회적 자본이 의도적으로 형성되었다. 국가의 지배 아래 놓인 시민사회는 보수성과 개량주의적 성격을 지니며, 국가의 대리인로서 국가의 정치적 이념이나 정책을 홍보하고 정당화하는 역할을 담당하고 국가가 원하는 방향으로 국민들을 '계도'하는 모습으로 동원되는 것이 일반적이었다. 이와 같은 부정적 태도는 평생교육의 중요한 근거인 사회적 자본과 시민사회를 훼손하는 결과를 초래하였다. 국가로부터 공인되지 않은 시민사회에 의한 교육활동은 반체제 활동으로 간주되었으며, 때문에 평생교육을 통한 사회적 자본의 형성은 기대하기 어려운 실정이었다. 그러나 1980년대부터 발전국가 모형의 기본골격이 허물어지고 시장이 점점 그 영향력을 확대하기 시작하였다.

시장(경제)도 오늘날 평생교육을 움직이는 큰 '손'이다. 평생학습자들은 그들 개인의 인적 자본을 형성하기 위하여, 또한 보들리아드의 표현처럼 사람들에게 자신의 경계를 알리는 하나의 신호이자 상징으로 평생교육에 임한다. 평생교육은 사회적 신분을 나타내는 사회적 차별을 위한 수단적 기능을 강하게 담당하고 있었다. 이런 가운데 '소비적' 성격의 사회적 자본은 미시적 수준에서 개인의 효용을 극대화하기 위하여 선택하는 하나의 수단이었다. 거시적 수준에서 사회적 자본에 대한 논의 또한 기능주의적 관점을 벗어나지 못하고 있었으며, 최근에는 사회적 자본을 도구적 가치 측면에서 경제적 효과 때문에 투자의 대상으로 간주하는 경향이 있었다.

셋째, 사회적 자본을 형성하는 대안적 평생교육 패러다임은 무엇인가? 그리고 사회적 자본은 시민사회의 평생교육 패러다임을 모색하는데 있어서 어떠한 역할을 담당할 것인가?

평생교육은 국가-시장-시민사회라는 '세 축'을 중심으로 협력적 관계를 구축해야 한다. 사회적 자본이 비록 시민사회에서 발생된다고 하더라도 결국에는 그것이 국가로 확장되고, 시장으로 외연이 확대될 것이다. 시민사회는 국가와 시장의 실패를 보완할 수 있는 중요한 역할을 지니고 있으며, 나아가 평생교육의 건강한 발전을 위하여 필수적인 공간이자 평생교육의 주체이다. 개인적 성장과 사회적 성장은 분리될 수 없는 것으로, 시민사회 평생교육은 '사회적'인 것의 내용이자 토대가 되는 사회적 자본을 형성하는데 적극성을 보인다. 성찰성을 특징으로 하는 대안적 평생교육은 도구적 사고와 통제로부터 자유로운 인간을 강조하면서 이기적 개인주의에 눌려있던 사회적 책임과 공공성의 복권을 중시한다.

이와 같은 대안적 평생교육의 특징을 살펴보면, 첫째, 시민사회의 시민들은 자율과 연대 능력을 갖추고 적극적으로 시민사회에 참여하는 능동적 학습인이다. 여기서는 시민사회의 학습인으로 '확장된' 휴먼웨어 개념을 제시했다. 대안적 평생교육 패러다임의 학습인인 확장된 휴먼웨어는 구성원들이 서로 협력하여 공동체의 이익을 키우고자 노력하는 '호혜적 인간'과 가깝다. 둘째, 평생교육의 대안적 패러다임은 개인적 학습과 사회적 학습의 조화로운 발달을 도모한다. 즉, 새롭게 부각시켜야 할 평생교육은 인적 자본과 함께 사회적 자본의 가치에 주목하고, 사회적 신뢰나

협동을 도모하기 위한 '사회적 학습'이어야 한다. 셋째, 대안적 평
생교육은 삶의 모든 영역을 망라하는 민주적 학습공동체여야 한
다. 활성화된 시민사회를 건설하기 위해서는 평생교육이 활용되
어야 하며, 평생교육은 또한 그런 시민사회를 토대로 하는 것이
다. 그런 가운데 퍼트남이 말한 '생동적 시민생활'이 가능하다.

그러나 대안적 평생교육은 건강한 시민사회를 전제로 하지만,
시민사회 평생교육의 제도화는 규모가 작고, 자발적이며, 생활공
동체 중심의 교육적 활동을 위축시킬 가능성이 있다. 또한 지역
의 자치와 공생적 공동체를 강조하는 '일상적 삶의 학습장화'를
위한 노력이 절실함에도, 지역에서 전개되는 일상적 삶의 영역에
서 시민들의 자발적 참여를 가능하게 하는 학습활동을 주체적으
로 개발하는 노력이 소홀하다. 마지막으로, 풀뿌리 학습공동체를
지향하는 시민사회가 타인에 대한 희생이 결여된 사회라면, 사회
적 배제 해결에 적극적이지 않다면 사회적 자본이 풍부하다고
하기 어렵다. 시민사회의 평생교육론에서도 평생교육의 정치적
성격에 대한 진지한 논의가 필요하다.

> 당신의 옥수수가 오늘 익고 나의 옥수수가 내일 익는다. 우리 둘의
> 이익을 위해서는 오늘 내가 당신과 함께 추수하고, 내일은 당신이 나
> 를 도우면 될 것이다. 내가 당신을 위해 친절을 발휘할 아무런 이유
> 가 없고, 당신 또한 나를 위해 그럴 이유가 없다. 나는 당신의 수지
> 타산에 아무런 신경을 쓰지 않을 것이다. 내가 당신이 노동으로 갚을
> 것이라는 기대 하에 오늘 당신을 돕는다면, 반드시 나는 내일 당신에
> 대해 실망하게 될 것이고, 당신의 친절함에 의존해야 하는 허망한 경
> 험을 하게 될 것이다. 그 결과 나는 당신이 혼자 추수하도록 내버려
> 둘 것이고, 당신도 나와 똑같은 방식으로 행동할 것이다. 계절이 바

꾀고, 상호 신뢰와 믿음의 부족으로 인해 우리 둘 모두 수확의 상당 부분을 잃어버리게 될 것이다(Hume, 1740을 Putnam, 2000: 274에서 재인용).

영국의 철학자 흄(Hume)이 제시한 단순한 우화는, 상호 이익을 위해 협력한다면 더욱 좋은 결과를 가져올 것임에도 불구하고, '합리적 개인'들이 궁극적으로 '합리적이지 않은 결과'를 초래하게 되는 딜레마를 잘 보여 주고 있다. 사실, 지난 세기는 정치·경제적 사회공학, 과학적 진보, 그리고 이를 뒷받침할 교육의 확대를 통해 합리적인 개인들의 세상을 실현하고자 한 '오만한 이성'의 시대라고도 할 수 있다. 그러나 인간의 오만한 이성은 새로운 위기로 우리를 내몰고 있다. 이제 우리는 파편화된 개인보다는 연대하는 공동체를, 경제적 가치에 기초한 성장보다는 생태적 가치에 기초한 성찰을, 국가보다는 시민사회를 학문적 논의의 중심으로 다시 끌어들이고 있다. 최근 유행처럼 번지고 있는 사회적 자본도 그 일종이다. 사회적 자본은 공동체의 발전과 공동체 구성원의 잘삶을 위한 핵심적 요소이다.

오늘날은 '사회적'(the social)인 것의 위기 시대이다. 사회적 자본은 이러한 위기에 대한 하나의 대응이다. 그러나 사회적 자본은 만병통치약이 아니며, 그것이 반드시 좋은 것이라고 평가하기는 어렵다. 뿐만 아니라 사회적 자본이 개인주의적 성격이 강한 서구사회에서 배태된 개념이므로, 우리 사회는 사회적 자본의 부족을 염려할 것이 아니라 오히려 그 과잉을 걱정해야 한다는 지적도 있다(유석춘·이재열, 2000). 즉, 다양한 연줄이 연고주의로 작용하여 공적 신뢰 등과 같은 보편적 규범을 만들어내는 역설적 기능을 수행하기도 한다.

최근의 국가개혁은 패키지화되어 수립되고 집행되는 경우가 많다. 특히, 1990년대 이후의 교육개혁에 대한 경제계의 요구는 정점에 달하였으며, 교육개혁은 경제개혁의 주요 부분으로 간주되는 것이 보통이다. 경제적 구조조정이 사회 여러 부문 개혁의 나침반 구실을 하고 있다. 교육개혁은 경제적 안정과 자유화라는 거시 경제적 개혁을 이루고 난 연후에나 생각해봄직한 것으로 간주되는 것이 보통이다. 그러나 '사회적'인 것의 위기 속에서 국가 및 시장주도의 평생교육은 한계효용 감소에 부딪치고 있다.

사회적 자본은 개인의 속성이나 자산이기보다는 사회적 혹은 집단적 자산의 성격이 짙다. 이런 점에서 사회적 자본은 개인주의화가 더욱 급속도로 진행되고 있는 현실을 고려할 때, 평생교육과 관련하여 상당히 균형 잡히고 타당한 방향을 제시할 것으로 기대된다.

사회적 자본은 '우리' 그 위험한 대명사를 학문적 논의의 중심에 불러들인다. 사회적 자본은 그것 자체로 가치로운 본질적인 중요성을 갖는 최고의 목적(구성적 역할)이자 다양한 차원의 사회적 지표들을 높일 수 있는 일차적 수단(도구적 역할)이기도 하다. 우리 시대에 적극적으로 생성되고 강화되어야 하는 사회적 자본이란 고립된 개인으로서는 경험할 수 없는 상호존중의 힘과 정서적 성취감을 맛보고, 그 자신과 그가 속한 공동체의 결속력과 생산성을 강화한다. 사회적 자본이 충분히 갖춰진 성숙한 사회에서, 우리는 책임을 다하는 훌륭한 국민으로서, 효율적이고 합리적인 경제 행위자로서, 사회문제에 대해 능동적으로 참여하는 적극적 시민으로서, 그리고 궁극적으로는 글로벌 시민사회의 시민으로서의 역할을 수행할 수 있을 것이다. 이것이 바로 평생교육을 통해 우리가 애써서 추구해야 할 사회적 자본이다.

'사회적 에너지'인 사회적 자본을 키울 수 있는 가장 최선의 방법은 무실역행(務實力行)의 자세와 실제적이고 직접적인 참여와 관계를 통해서이다. 그러나 문제는, 현대인들이 개개인의 의견 표현과 협상을 통해 의견 차이를 극복하고 결국 하나의 긍정적이고, 생산적이며, 발전적인 사회적 자본을 경험할 수 있는 활동에 참여할 수 있는 시간은 너무나 적다는 것이다. 우리가 그러한 사회적 자본을 가장 잘 경험할 수 있는 무대는 역시 시민사회이다.

시민사회와 시민이 배제된 평생교육은 이러한 '사회적'인 것의 내용이자 토대가 되는 사회적 자본을 형성하는데 적극성을 보이기가 어렵다. 이 책은 대안적 패러다임으로서 시민사회 평생교육을 주장했다. 시민사회 평생교육이 적극적으로 요청된다는 것이다. 스타베렌이 지적했듯이, 시민사회에서 발생된 사회적 자본은 결과적으로 국가로 확장되고, 시장으로도 외연을 확대할 것이다. 이렇게 국가-시장-시민사회라는 '세 축'이 평생교육과 관련하여 협력적 관계를 구축할 때 평생교육의 딜레마와 한계를 극복할 수 있을 것이다. 시민사회는 평생교육의 건강한 발전을 위하여 필수적인 공간이자, 평생교육의 주체이다.

헉슬리(Huxley)는 "이단으로 시작해서 미신으로 끝나는 것이 새로운 진실들의 일반적인 운명"이라고 말했다. 사회적 자본은, 특히 사회적 자본의 평생교육적 의미는 아직 무르익지 않은, 또한 구체화되지 않은 청년기적 특성을 지닌다. 그러나 그것이 새로운 세기 사회의 주요한 과제이고, 따라서 평생교육의 과제가 될 임은 분명하다.

참고문헌

1. 국문자료

강선보(1999). 『마르틴 부버의 「만남」의 교육』. 서울: 양서원.

강순원(1997). "대학평가와 대학사회교육원 활동의 상관성", 『사회교육학연구』, Vol.3, No.2, pp.129-149.

구해근(2001), 신광영 역(2002). 『한국 노동계급의 형성』. 서울: 창작과 비평사.

권대봉(1992). 『21세기 인재 개발 전략 휴먼웨어를 개발하자』. 서울: 파고다.

권대봉(1996). 『휴먼웨어를 개발하자』. 서울: 파고다.

권대봉(1998). 『산업교육론』. 서울: 문음사.

권대봉(2001). 『평생교육의 다섯마당』. 서울: 학지사.

권두승(1991). 「한국 사회교육의 변천에 관한 사회학적 분석」. 고려대학교 대학원 교육학과 박사학위 논문.

권두승(1998). 『사회교육법규론』. 서울: 교육과학사.

권두승·조아미(2001). 『성인학습 및 상담』. 서울: 교육과학사.

김상준(2002). "성찰적 사회자본고 귀속적 사회자본", 한국NGO학회 발표원고.

김선구·김희봉·이정화·이지헌 편역(2002). 『사회변화와 교육사상』. 서울: 원미사.

김성국(1999). "한국 시민사회의 구조적 불안정성과 시민권력 형성의 과제", 김일철 외(1999). 『한국사회의 구조론적 이해』. 서울: 아르케, 제8장, pp.299-343.

김영봉·N. F. 맥긴(1985). 『한국의 교육과 경제발전』. 서울: 한국개발연구원.

김용학(1999). "한국의 경제발전 모델은 즉각 폐기되어야 하는가", 『계간 사회비평』, 제20호, pp.52-68.

김홍옥(1992). 「노동야학 참여관찰 연구」. 서울대학교 대학원 교육학과 석사학위 논문.

대통령자문 교육인적자원정책위원회(2001). 「21세기 지식강국을 주도할 국가인적자원개발 정책보고서」(설명자료). 2001년 6월 29일.

박은홍(1999). "발전국가론의 재검토: 이론의 기원, 구조 그리고 한계", 『국제정치논총』, 제39집, 제3호, pp.117-133.

박은홍(2000). "동남아시아와 사회적 자본: '아시아적 가치'에 대한 지역학적 연구", 『한국과 국제정치』, pp.285-313.

박찬웅(1999). "경쟁의 사회적 구조: 기업내 신뢰의 사회적 연결망과 개인의 조직내 성과", 『한국의 사회학』, 제33집, pp.789-817.

박형준(2001). 『성찰적 시민사회와 시민운동』. 서울: 의암출판.

박형준(2002). "전환기에 국가는 무엇을 해야 하는가: 국가능력의 이론화", 호산 김경동교수 정년기념논총 간행위원회 편(2002). 『성찰의 사회학』. 서울: 박영사, pp.97-131.

박희봉(2002). "사회단체와 사회자본", 한국NGO학회 발표원고.

손준종(2001a). 『교육사회학』. 서울: 문음사.

손준종(2001b). "평생교육 담론의 서계적 수렴 현상에 대한 비판적 논의", 『평생교육연구』, 제7권, 제2호, pp.177-199.

신범석(2001). 「암묵지의 휴먼웨어 교육적 의미」. 고려대학교 대학원 교육학과 박사학위 논문.

심성보(1995). 「'공동체주의'의 교육윤리학적 연구」. 고려대학교 대학원 교육학과 박사학위 논문.

여태철(1999). 「성인학습의 전생애발달이론적 정당화」. 서울대학교 대학원 교육학과 박사학위 논문.

유네스코 한국위원회(1973). 「평생교육발전 세미나 보고서」(유인물).

은수미(2001). 「한국 노동운동과 시민운동의 경쟁, 그리고 헤게모니: 이념과 쟁점형성을 통해서 본 사회운동의 동시성장과 정치세력화」. 서울대학교 대학원 사회학과 석사학위 논문.

이규호(1973). "평생교육의 이념", 유네스코 한국위원회 (1973). 「평생교육발전세미나 보고서」, pp.17-31.

이규환(1985). 『사회개발과 교육의 민주화: 비판적 교육사회학』. 서울: 한울.

이근식・황경식 편(2000). 『자유주의란 무엇인가』. 서울: 삼성경제연구소.

이병천(2000). "발전국가체제와 발전딜레마: 국가주의적 발전동원체제의 재조명", 『경제사학』, 제28권, pp.105-138.

이상오(2000). 『평생학습사회론: 교육복지의 차원』. 서울; 교육과학사.

이우진(1999). "평등주의적 관점에서 다시 바라본 한국 발전국가 논쟁의 몇 가지 쟁점들", 『사회경제평론』, 제13권, pp.15-54.

이재열(1994). "개인의 합리성에서 제도의 신화까지", 『사회비평』, 제11호, pp.34-64.

이재열(1996).『경제의 사회학』. 서울: 나남.

이재열(1998). "민주주의, 사회적 신뢰, 사회적 자본",『계간 사상』, 여름호. pp.

이재열(2000). "의리인가, 계약인가?: 인격주의와 개인주의의 갈등적 공존과 한국사회의 제 문제", 유석춘 편(2000).『현대 한국사회의 성격논쟁: 식민지, 계급, 인격윤리』. 서울: 전통과 현대, 제8장, pp.159-188.

이재혁(1999). "사회적 통제의 정치경제학: 규범과 관습 그리고 교환", 김일철 외(1999).『한국사회의 구조론적 이해』. 서울: 아르케, 제6장, pp.199-251.

이정표 (2001). "평생교육에 대한 국민 의식과 정책적 함의",『평생교육학연구』, Vol.7, No.1, pp.19-40.

이희수(2001). "학습사회에서 학습경제로의 전환 논리와 그 의미",『평생교육연구』, 제7권, 제1호, pp.211-238.

장미혜(2001).「소비 양식에 미치는 문화자본과 경제자본의 상대적 효과」. 연세대학교 대학원 사회학과 박사학위논문.

정민승(2000).「온라인 학습공동체에 대한 성인교육학적 해석」. 서울대학교 대학원 교육학과 박사학위 논문.

정민승(2002).『사이버 공간과 평생학습』. 서울: 교육과학사.

정진곤(1994). "개인중심 교육사상의 기본 가정과 한계점". 강영혜 외 편.『현대사회와 교육의 이해』. 서울: 교육과학사, pp. 189-227.

조돈문(2002). "국가사회주의 실패와 대안체제의 가능성: 평등과 효율성에 기초한 '민주적 시장사회주의'의 모색",『동향과 전망』, 제

52호, pp.98-127.

조희연(2000). "한국 시민사회단체(NGO)의 역사, 현황과 전망", 김동춘 외(2000). 『NGO란 므엇인가』. 서울: 아르케.

진성미(2002). 「영업직 종사자의 일터학습에 대한 연구」. 서울대학교 대학원 교육학과 석사학위논문.

최운실 · 백은순 · 최돈민(1992, 1993). 『한국 사회교육의 과거 · 현재 · 미래 탐구』. 한국교육개발원 연구보고서 RR 92-23, 92-26합본.

한국교육개발원(2002). 『국가 인적자원개발 관련 핵심 추진과제』. 서울: 한국교육개발원.

한숭희(2001a). 『평생학습과 학습생태계: 평생교육론의 새로운 패러다임』. 서울: 학지사.

한숭희(2001b). 『민중교육의 형성과 전개』. 서울: 교육과학사.

한준상(2000). 『Lifelong Education』 서울: 학지사.

한준상(2001a). 『평생교육의 쟁점』. 서울: 교육과학사.

한준상(2001b). 『학습학』. 서울: 학지사.

2. 영문자료

Ainley, P. (2000). "Missing the point about the Learning and Skills Council, a comment on Coffield", *Journal of Educational Policy*, Vol.15, No.5, pp.585-588.

Alheit, P. & B. Dausien(2002). "The 'Double Face' of Lifelong Learning: Two Analytical Perspectives on a 'Silent Revolution'", *Studies in the Education of Adults*, Vol.34, Issue1, pp.3-23.

Amstrong, P.(2000). "Rhetoric and reification: disconnecting research, teaching and learning in the 'learning society'", Papers from the 28th Annual SCUTREA Conference, pp.1-6.

Antikainen, A.(2001). "Is Lifelong Learning Becoming a Reality? The Case of Finland from a Comparative Perspective", *European Journal of Education*, Vol.36, No.3, pp.379-394.

Aspin, D. N. & J. D. Chapman(2000). "Lifelong learning: concepts and conceptions", *International Journal of Lifelong Education*, Vol.19, No.1, pp.2-19.

Baker, W. (2000). *Achieving Success Through Social Capital: Tapping the Hidden Resources in Your Personal an Business Networks*. San Francisco: Jossey-Bass.

Baptiste, I.(2001). "Educating Lone Wolves: Pedagogical Implications of Human Capital Theory", *Adult Education Quarterly*, Vol.51, No.3, pp.184-201.

Barnett, R.(1998), "'In' or 'for' the learning society", *Higher Education Quarterly*, Vol.52, No.1, pp.7-11.

Baron, J. & M. Hannan(1994). "The Impact of Economics on Contemporary Sociology", *Journal of Economic Literature*, Vol.32, pp.1122-1124.

Beck, U.(1986), 홍성태 역(1997). 『위험사회: 새로운 근대(성)을 향하여』. 서울: 새물결.

Beck, U.(1996). 정일준 역(2000). 『적이 사라진 민주주의: 자유의 아이들 과 아래로부터의 새로운 민주주의』. 서울: 새물결.

Beck, U.(1998), "정치의 재창조: 성찰적 근대화 이론을 향하여", A. Giddens, U. Beck & S. Lash(1994), 임현진·정일준 역(1998). 『성찰적 근대화』. 서울: 한울. 제1장, pp.21-89.

Becker, G. (1996). *Accounting for Tastes*. Cambridge: Harvard University Press.

Botkin, J. W. et al.(1979), 김도수 외역(1997). 『한계없는 학습: 로마클럽 제6차 보고서』. 서울: 양서원.

Bourdieu, P.(1985). "The Forms of Capital", in J. G. Richardson ed.(1985). *Handbook of Theory and Research for the Sociology of Education*. New York: Greenwood Press, Ch.9, pp.241-258.

Bourdieu, P.(1984). 최종철 역(1995). 『구별짓기: 문화와 취향의 사회학, 상』. 서울: 새물결.

Bowles, S. & H. Gintis (1987), 차성수·권기돈 역(1994). 『민주주와 자 본주의: 재산, 공동체 그리고 현대 사회사상의 모순』. 서울: 백산 서당.

Bowles, S. & H. Gintis (1998), "Efficient Redistribution: New Rules for Markets, States and Communities", in E. O. Wright ed.(1998). *Recasting Egalitarianism: New Rules for Communities, States and Markets*. New York: Verso. Ch.1, pp.3-71.

Brehm, J. & W. Rahn (1997). "Individual-level evidence for the causes and consequences of social capital", *American Journal of Political Science*, Vol.41, No.3, pp.999-1024.

Brookfield, S.(1986), *Understanding and Facilitating Adult Learning*. Milton Keynes: Open University Press.

Brownhill, B.(2001). "Lifelong Learning", in P. Jarvis ed.(2001). *The age of Learning: education and the knowledge society*. London: Kogan Page Limited, Ch.6, pp.69-79.

Buckland, J.(1998). "Social capital and sustainability of NGO intermediated development projects in Bangladesh", *Community Development Journal*, Vol.33, pp.236-248.

Calabrese, A. & M. Borchert (1996). "Prospects for electronic democracy in the United States: Rethinking communications and social policy", *Media, Culture, and Society*, Vol.18, pp.249-268.

Callinocos, A.(1987). 김용학 역(1991). 『역사와 행위』. 서울: 교보문고.

Coffield, F.(1994). *The Learning Society: knowledge and skills for employment-research specification*. Sweden: Economic and Social Research Council.

Coffield, F.(1999). "Breaking the Consensus: Lifelong learning as social control", *British Educational Research Journal*, Vol.25, No.4, pp.479-499.

Coffield, F.(2000a). "Where's the beef? A response to 'Missing the point about the Learning and Skills Council: a comment on Coffield' by Patrick Ainley", *Journal of Education Policy*, Vol.15, No.6, pp.715-716.

Coffield, F.(2000b). *The Necessity of Informal Learning*. Bristol: The Policy Press.

Coleman, J. S.(1988). "Social Capital in the Creation of Human Capital", in A. H. Halsey et al. eds.(1997). *Education: Culture, Economy, Society*. New York: Oxford, Ch.4, pp.80-95.

Coleman, J. S.(1990). *Foundations of Social Theory*. Cambridge: Harvard University Press.

Collier, P.(1998). *Social Capital and Poverty*. Social Capital Initiative Working Paper No 4, The World Bank, Washington DC, USA.

Collins, M.(1991), *Adult Education as Vocation*. London: Routledge.

Cote, S.(2001). "The Contribution of Human and Social Capital", *ISUMA*, Spring, pp.29-36.

Croninger, R. G. & V. E. LEE(2001). "Social Capital and Dropping Out of High School: Benefits to At-Risk Students of Teachers' Support and Guidance", *Teachers College Record*, Vol.103, No.4, pp.548-581

Cropley, A. J.(1980). "Lifelong Education and System of Education: An overview", in A. J. Cropley ed.(1980). *Towards a System of Lifelong Education*. Oxford: Pergamon Press.

Dave, R. H.(1973). *Lifelong Education and School Curriculum*. Hamburg: UNESCO.

Delors, J. et al.(1996). 김용주 외역(1997). 『21세기 교육을 위한 새로운 관점과 전망: 유네스코 21세기 세계교육위원회 종합보고서』. 서울: 오름.

Department for Education and Employment(DfEE)(1998), *The Learning Age: Renaissance for a New Britain*. London: HMSO.

DfEE(1997). *Excellence in Schools*. London: Stationery Office, Cm 3681.

DfEE(1998). *The Learning Age: Renaissance for a New Britain* . London: HMSO.

DfEE(1999). *Learning to Succeed: a new framework for post-16 learning*. The Secretary of State of Education and Employment.

Dika, S. L. & K. Singh(2002). "Applications of Social Capital in Educational Literature: A Critical Synthesis", *Review of Educational Research*, Vol.72, No.1, pp.31-60.

DiPasquale, D. & E. L. Glaeser(1998). *Incentives and Social Capital: Are Homeowners Better Citizens?*. Chicago: Working Paper in Law & Economics.

Drucker, P. F.(2000). 이재규 역(2001). 『프로페셔널의 조건』. 서울; 청림출판.

ECOTEC (2000). *The Contribution of Community Funds, Initiatives and Programmes to Lifelong Learning: A Final Report for the Directorate-General for Education and Culture*. Birmingham: ECOTEC Research and Counseling Limited.

Ehrenberg, J.(1999), 김유남 외역(2002). 『시민사회, 사상과 역사』. 서울: 아르케.

Erikson, E. H.(1950). *Childhood and Society*. New York: W. W. Norton.

Etzioni, A.(2001). *Next: The Road to the Good Society.* New York: Basic Books.

Falk, I. & L. Harrison(1998). *Indicators of Social Capital: Social Capital as the Product of Local Interactive Learning Processes.* Discussion Paper D4/1998 in the CRLRA Discussion Paper Series.

Falk, I. & S. Kilpatrick(2000). "What is Social Capital? A Study of Interaction in a Rural Community", *Sociologia Rurais,* Vol.40, No.1, pp.87-110.

Falk, I.(2001). *Literacy by Design, Not by Default: Social capital's role in literacy learning.* Discussion Paper D7/2001 in the CRLRA Discussion Paper Series.

Faure, E.(1972). 오기형 역(1975). 『인간화 교육』. 서울: 일조각.

Fedderke, J., R. De Kadt, and J. Luiz(1999). "Economic growth and social capital: A critical reflection." *Theory and Society,* Vol.28, pp.709-745.

Field, J. & L. Spence(2000). "Social Capital and Informal Learning", in F. Coffield ed.(2000). *The Necessity of Informal Learning.* Bristol: Policy Press, pp.32-42.

Field, J.(2000). *Lifelong Learning and the New Educational Order.* London: Trentham Books.

Field, J.(2001). "Lifelong education", *International Journal of Lifelong Education,* Vol.20, No.1/2, pp.3-15.

Field, J., T. Schuller & S. Baron(2000). "Social Capital and Human

Capital Revisited", in S. Baron, J. Field & T. Schuller(2000). *Social Capital: Critical Perspectives*. New York: Oxford, Ch.14, pp.243-263.

Fine, B.(2001). *Social Capital versus Social Theory*. London: Routledge.

Finlay, I.(1998). "Stakeholders, Consensus, Participation and Democracy", in I. Finlay et al. ed.(1998). *Changing Vocational Education and Training*. London: Routledge, pp.3-19.

Fryer, R. H.(1999). *Creating Learning Cultures: Next Steps in Achieving the Learning Age*. Second report of The National Advisory Group for Continuing Education and Lifelong Learning.

Fukuyama, F.(1995), 구승회 역(1996). 『트러스트: 사회도덕과 번영의 창조』. 서울: 한국경제신문사.

Fukuyama, F.(2000). *Social Capital and Civil Society*. IMF Working Paper.

Gerver, E. & P. Jarvis(1997). "what's the purpose of adult education? What professionals think and the problems of international comparative studies in adult education", Papers from the 27th Annual SCUTREA Conference, pp.181-186.

Giddens, A.(1998), "탈전통사회에서 산다는 것", A. Giddens, U. Beck & S. Lash(1994), 임현진·정일준 역(1998). 『성찰적 근대화』. 서울: 한울, 제2장, pp.90-162.

Giroux, H.(2001). *Public Spaces, Private Lives: beyond the culture of cynicism*. Boston: Rowman & Littlefield Publishers, Inc.

Gorard, S., G. Rees, R. Fevre & J. Furlong(1998). "Society is not Built by Education Alone: alternative routes to a learning society", *Research in Post-Compulsory Education*, Vol.3, No.1, pp.25-35.

Gouldner, A.(1980). 김홍명 역(1984). 『맑시즘: 비판과 과학』. 서울: 한벗

Griffin, C. & B. Brownhill(2001). "The learning society", in P. Jarvis ed.(2001). *The age of Learning: education and the knowledge society*. London: Kogan Page Limited, Ch.5, pp.55-68.

Griffin, C.(연도미상). "Lifelong Learning: Policy, Strategy and Culture"(mimeo).

Griffin, C.(1999). "Lifelong learning and social democracy", *International Journal of Lifelong Education*, Vol.18, No.5, pp.329-342.

Grootaert, C. & T. V. Bastelaer(2002). *Understanding and Measuring Social Capital A Synthesis of Findings and Recommendations from the Social Capital Initiative*. The IRIS Center at the University of Maryland.

Group of 77 South Summit (2000). "Havana Programme of Action," 2000년 4월 10일-14일, *http://www.g77.org/Docs/ProgrammeofAction_G77Summit.htm*.

Harbermas, J.(1981). 서규환 역(1995). 『소통행위이론 1』. 서울: 의암출판문화사.

Holford, J.(2001). "Civil society and citizenship in a learning age", in P. Jarvis ed.(2001). *The age of Learning: education and the*

182

      knowledge society. London: Kogan Page Limited, Ch.17, pp.205-216.

Hume, D.(1740). *A Treatise of Human Nature*, in L. A. Selby-Bigge ed.(1978). Book3, Part2, Section5. Oxford: Clarendon Press.

Huntington, A. P.(1996). 이희재 역(1997). 『문명의 충돌』. 서울: 김영사.

Hyland, T.(1999). "Review Article: Changing Conceptions of Lifelong Learning", *Journal of Philosophy of Education*, Vol.33, No.2, pp.309-315.

Imel, S.(2000). "International Perspectives on Adult Education", http://library.educationworld.net/a1/a1-4.html.

Jackman, R. W. & R. A. Miller (1998). "Social capital and politics", *The Annual Review of Political Science*, Vol.1, 1998.

Jarvis, P. & J. Preece(2001). "Future directions for the learning society", in P. Jarvis ed.(2001). *The age of Learning: education and the knowledge society*. London: Kogan Page Limited, Ch.18, pp.217-223.

Jarvis, P.(1985). *Adult and Continuing Education*. London: Croom Helm.

Jarvis, P.(2001a). "Questioning the learning society", in P. Jarvis ed.(2001). *The age of Learning: education and the knowledge society*. London: Kogan Page Limited, Ch.16, pp.195-204.

Jarvis, P.(2001b). "The public recognition of learning", in P. Jarvis ed.(2001). *The age of Learning: education and the knowledge society*. London: Kogan Page Limited, Ch.15, pp.185-194.

Jarvis, P.(2002). "Globalisation, Citizenship and the Education of Adults in Contemporary European Society", *Compare*, Vol.32, No.1, pp.5-19.

Kennedy, H.(1997), *Learning Works: Widening Participation in Further Education*. Coventry: Further Education Funding Council.

Kenway, J., C. Bigum, L. Fitzclarence, J. Collier & K. Tregenza(1994). "New Education in New Times", *Journal of Education Policy*, Vol.9, No.4, pp.317-333.

Kerka, S.(2000). "Lifelong Learning", http://library.educationworld.net/a1/a1-2.html.

Kilpatrick, S.(2002). Learning and Building Social Capital in a Farm Businesses. Discussion Paper D1/2002 in the CRLRA Discussion Paper Series.

Kilpatrick, S., J. Field & I. Falk(2001). *Social Capital: An analytical tool for exploring lifelong learning and community development*. Discussion Paper D13/2001 in the CRLRA Discussion Paper Series.

Kilpatrick, S., R. Bell & I. Falk(1998). "Groups of Groups: The role of group learning in building social capital," Paper presented at AVETRA 1998 Conference.

Knowles, M. S.(1984). *The Adult Learner: A neglected species*. Houston: Gulf.

Köln Charter - Aims and Ambitions for Lifelong Learning(1999). http://www.g7.utoronto.ca/g7/summit/1999koln/charter.htm

184

Lawson, K. H.(1979), *Philosophical Concepts and Values in Adult Education*. Milton Keynes: Open University Press.

Lengrand, P.(1975). *An Introduction to Lifelong Education*. Paris: Unesco.

Lin, N.(2001). *Social Capital: A Theory of Social Structure and Action*. New York: Cambridge University Press.

Livingstone, D.(1997). "The limits of human capital theory: Expanding Knowledge, informal learning and underemployment," *Policy Options*, July/August. pp.9-13.

Longworth, N.(2001). "Learning Communities for a Learning Century", in D. Aspin, J. Chapma, M. Hatton & Y. Sawano eds.(2001). *International Handbook of Lifelong Learning Part One*. Dordrecht: Kluwer Academic Publishers, Ch.9, pp.591-617.

McClenaghan, P.(2000). "Social Capital: exploring the theoretical foundations of community development education", *British Educational Research Journal*, Vol.26, No.5, pp.565-582.

Meyer, H.-D. & W. L. Boyd(2001). "Civil Society, Pluralism, and Education - Introduction and Overview", in Meyer, H.-D. & W. L. Boyd ed.(2001). *Education Between States, Markets, and Civil Society: Comparative Perspectives*. New Jersey: Lawrence Erlbaum Associates, Publishers, Ch.1, pp.1-12.

Meyer, H.-D.(2001). "Civil Society and Education: The Return of an Idea", in Meyer, H.-D. & W. L. Boyd ed.(2001). *Education Between States, Markets, and Civil Society: Comparative Perspectives*. New Jersey: Lawrence Erlbaum Associates,

Publishers, Ch.2, pp.13-33.

Murphy, M.(2000). "Adult Education, Lifelong Learning and the End of Political Economy", *Studies in the Education of Adults*, Vol.32, Issue2, pp.166-181.

Narayan, D. and D. Nyamwaya(1996). *Learning from the Poor: A Participatory Poverty Assessment in Kenya*. Environment Department Papers, Paper No. 034. Washington, DC: World Bank.

Narayan, D. and L. Pritchett(1997). *Cents and Sociability: Household Income and Social Capital in Rural Tanzania*. Social Development and Development Research Group, Policy Research Working Paper No. 1796. Washington, DC: World Bank.

Narayan, D.(1997). *Bonds and Bridges: Social Capital and Poverty*. the Poverty Group of the World Bank.

Nicoll, K. & R. Edwards(2000). "Reading policy texts: lifelong learning as metaphor", *International Journal of Lifelong Education*, Vol.19, No.5, pp.459-469

Norris, P.(2001). *Making Democracies Work: Social Capital and Civic Engagement in 47 Societies*. John F. Kennedy School of Government Harvard University Faculty Research Working Papers Series, RWP01-036.

O'Donnell, M. G.(1985). 손준종 · 구혜정 역(2002). 『고전정치경제학자의 교육사상』. 서울: 원미사.

OECD(2001). *The Well-being of Nations*. Paris: OECD.

Pahl,, R. & L. Spencer(1997). "The Politics of Friendship", *Renewal*, Vol.5, No.3/4, pp.100-107.

Paulston R. G. & R. J. Altenbaugh(1988), "Adult education in Radical US Social and Ethnic Movements: From Case Studies to Typology to Explanation", in T. Lovett ed.(1988), *Radical Approaches to Adult Education: A Reader*, London: R.K.P.

Portes, A.(1998). "Social Capital: Its Origins and Applications in Modern Sociology," *Annual Review of Sociology*. Vol.22, pp.1-24.

Poster, M. ed.(1988). *Jean Baudrillard: Selected writings*, Cambridge: Polity Press.

Preece, J.(2001). "Implication for including the socially excluded in the learning age", in P. Jarvis ed.(2001). *The age of Learning: education and the knowledge society*. London: Kogan Page Limited, Ch.14, pp.171-181.

Putnam, R. D. (1995a). "Bowling alone: America's declining social capital", *Journal of Democracy*, Vol.6, pp.65-78.

Putnam, R. D. (1995b). "Tuning in, tuning out: The strange disappearance of social capital in America", *Political Science and Politics*, Vol. 28, pp.664-683.

Putnam, R. D.(1994), 안청시 외역(2000a). 『사회적 자본과 민주주의』. 서울: 박영사.

Putnam, R. D.(2000b). *Bowling Alone: The Collapse and Revival of*

American Community. New York: Touchstone.

Putnam, R. D.(2001). "Social Capital: Measurement and Consequences", *ISUMA*, Spring, pp.41-51.

Rand, J.(2001). *Education for Work: Changing Worlds, Changing Work and Changing Schools*. Glasgow: National Centre: Education for Work and Enterprise.

Reich, R. B.(2000). 오성호 역(2001). 『부유한 노예』. 서울: 김영사.

Riddell, S., S. Baron & A. Wilson(1999). "Social Capital and People with Learning Difficulties". *Studies in the Education of Adults*, Vol.31, Issue1, pp. 49-66.

Rose, R.(1999). *What Does Social Capital add to Individual Welfare?: An Empirical Analysis of Russia*. The World Bank Social Development Family Environmentally and Socially Sustainable Development Network.

Rothstein, B.(2000). "Trust, Social Dilemmas and Collective Memories", *Journal of Theoretical Politics*, Vol.12, No.4, pp.477-501.

Schaff, A.(1985). 구승회 역(2002). 『우리는 어디로 가는가: 정보사회와 인간의 조건』. 서울: 한길사.

Schuller, T. & C. Bamford(2000). "A Social Capital Approach to the Analysis of Continuing Education: evidence from the UK Learning Society research programme", *Oxford Review of Education*, Vol.26, No.1, pp.4-19.

Schuller, T.(2000). "Thinking about social capital", *OECD/Quebec*, pp.1-12(mimeo).

Schuller, T.(2001). "The Complementary Roles of Human and Social Capital", *ISUMA*, Spring, pp.18-24.

Schuller, T., A. Brassett-Grundy, A. Green, C. Hammond & J. Preston(2002). *Learning, Continuity and Change in Adult Life*. London: The Centre for Research on the Wider Benefits of Learning Institute of Education.

Schuller, T., S. Baron & J. Field(2000). "Social Capital: A Review and Critique", in S. Baron, J. Field & T. Schuller(2000). *Social Capital: Critical Perspectives*. New York: Oxford, Ch.1, pp.1-38.

Sen, A.(1999), 박우희 역(2001). 『자유로서의 발전』. 서울: 세종연구원.

Sennett, R.(1998). 조용 역(2001). 『신자유주의와 인간성의 파괴』. 서울: 문예출판사.

Shiva, V., 정해경 역(2002). "카니발리즘으로서의 테러리즘: 테러리즘의 생태학", 「당대비평」, No.18, pp.144-150.

Smith, A.(1759), 박세일 · 민경국 공역(1996). 『도덕감정론』. 서울: 비봉출판사.

Smith, M. H., L. J. Beaulieu & A. Seraphine(1995). "Social capital, place of residence and college attendance", *Rural Sociology*, Vol.60, No,3, pp.363-381.

Smith, T. W.(1997). "Factors relating to misanthropy in contemporary American society.", *Social Science Research*, Vol.26, No.2, pp.176-197.

Spaulding, S.(1974). "Lifelong Education: A Modest Model for

Planning and Research", *Comparative Education*, Vol.10, No.2, pp.101-113.

Staveren, I.(2000). *A Conceptualisation of Social Capital In Economics: Commitment and Spill-Over Effects*. Institute of Social Science Working Paper Series No.324(mimeo).

Strange, S.(1996). 양오석 역(2001). 『국가의 퇴각』. 서울: 푸른길.

Tandon, R.(1994). "Learning in civil society - Adult education in the reality", *Adult Education and Development*, Vol.43, pp.330-337.

Teachman, J. D., K. Paasch & K. Carver (1996). "Social capital and dropping out of school early," *Journal of Marriage and the Family*, Vol.58, No.9, pp.773-784.

Temple, J.(2000). *Growth Effects of Education and Social Capital in The OECD Countries. OECD*, Economics Department Working Papers No.263.

Thompson, E. P.(1963), 나종일 외역(2000). 『영국노동계급의 형성, 상·하』. 서울: 창작과 비평사.

UNESCO(1996), *THE HAMBURG DECLARATION ON ADULT LEARNING*(mimeo).

Veblen, T.(1899), 이완재·최세양 역(1995). 『한가한 무리들』. 서울: 동인.

Wain, K.(1993). "Lifelong education: illiberal and repressive?", *Educational Philosophy and Theory*, Vol. 25, No. 1, pp.58-70.

Wallerstein, I.(1996). 이수훈 역(1996). 『사회과학의 개방』. 서울: 당대.

Weiss, L.(1998), 박형준·김남줄 역(2002). 『국가몰락의 신화』. 서울: 일

190

신사.

Welton, M. R.(1995). *In Defense of the Lifeworld: Critical Perspectives on Adult Learning*. Albany: State University of New York Press.

White, J.(1990), 이지헌・김희봉 역(2002). 『교육목적론』. 서울: 학지사.

Wilson, P. A.(1997). "Building Social Capital: A Learning Agenda for the Twenty-first Century", *Urban Studies*, Vol.34, Nos 5-6, pp.745-760.

Woolcock, M.(1998). "Social capital and economic development: Toward a theoretical synthesis and policy framework", *Theory and Society*, Vol.27, pp.151-208.

World Bank (1998/1999). *Knowledge as Development*. the World Bank Annual Report, 1998/99.

World Bank Policy and Research Bulletin(1997). "Emerging issues in developing countries", *World Bank Policy and Research Bulletin*, Vol.8, No.4, pp.1-25.

Wright, T. G. R.(1996). *Bradford Mechanics' Institute in the Nineteenth Century*, M. Phil. Thesis, University of Leeds.

Youngman, F.(2000). *The Political Economy of Adult Education & Development*. London: ZED Books.

· 저자 ·

구혜정   · 약 력 ·
丘惠貞   고려대학교 사범대학 교육학과를 졸업하고, 동대학
            원에서 성인계속교육 전공으로 박사학위를 받았다.
            현재는 고려대학교 등에서 평생교육, 여성교육, 시민
            교육 등을 가르치는 강사로 활동하고 있다.

            · 저 서 ·
            「우리가 원하는 학교」(공역), 「고전경제학자의 교육
            사상」(공역)을 번역했으며 「전환기의 평생교육: 인적
            자본과 사회적 자본의 만남」등의 논문이 있다

본 도서는 한국학술정보(주)와 저작자 간에 전송권 및 출판권 계약이 체결된 도서로서, 당사
와의 계약에 의해 이 도서를 구매한 도서관은 대학(동일 캠퍼스) 내에서 정당한 이용권자
(재적학생 및 교직원)에게 전송할 수 있는 권리를 브유하게 됩니다. 그러나 다른 지역으로의
전송과 정당한 이용권자 이외의 이용은 금지되어 있습니다.

사회적 자본의 형성과 대안적 평생교육

· 초판 인쇄   2006년 1월 10일
· 초판 발행   2006년 1월 10일

· 지 은 이   구혜정
· 펴 낸 이   채종준
· 펴 낸 곳   한국학술정보㈜
             경기도 파주시 교하읍 문발리 526-2
             파주출판문화정보산업단지
             전화 031) 908-3181(대표) · 팩스 031) 908-3189
             홈페이지 http://www.kstudy.com
             e-mail(e-Book사업부) ebook@kstudy.com
· 등   록   제일산-115호(2000. 6. 19)
· 가   격   22,000원

ISBN 89-534-4462-4 39370 (Paper Book)
      89-534-4463-2 98370 (e-Book)